AU NOM
DE TOUS LES HOMMES

DU MÊME AUTEUR

Au nom de tous les miens, 1971
Le Livre de la vie, 1973
Les Forces de la vie, 1975
Les Pensées de notre vie, 1976
La vie renaîtra de la nuit, 1977
Le Nouveau Livre, 1980
J'écris aux hommes de demain, 1983
La Maison humaine, 1984
Entre la haine et l'amour, 1990
Vivre debout, 1993
La Prière de l'enfant, 1994

Les droits d'auteur de Martin Gray
sont versés à des œuvres humanitaires.

MARTIN GRAY

AU NOM
DE TOUS LES HOMMES

Caïn et Abel

ÉDITIONS DU
ROCHER
Jean-Paul Bertrand

Vous pouvez m'écrire à :
Martin GRAY
83440 TANNERON – FRANCE

© Éditions du Rocher, 2004

ISBN 2 268 05182 X

SOMMAIRE

*À tous ceux, hommes de générosité et de courage,
et à mes innombrables lecteurs qui, aux pires moments de
ma vie, m'ont permis de garder foi en l'homme. Et aux premiers
d'entre eux, mes parents martyrisés. Pour que mes enfants
se souviennent, apprennent à tendre la main et à espérer.*

Martin GRAY

« L'homme a connu Ève, sa femme ;
elle conçut et enfanta Caïn... Elle
donna aussi naissance à Abel, frère de
Caïn...

Le temps passa...

Un jour Caïn dit à son frère Abel :
"Allons dehors" et, comme ils étaient
en pleine campagne, Caïn se jeta sur
son frère Abel et le tua. »

L'Ancien Testament
La Genèse

PREMIÈRE PARTIE
COLÈRE

1
LE VENT DE LA HAINE

« Mort aux Juifs ! »

J'ai entendu ce cri dans les rues de Paris en ce début de XXIe siècle.

Des manifestants hurlaient ces mots, et brandissaient des banderoles sur lesquelles j'ai lu : « Juifs = Nazis. » Certains faisaient le salut hitlérien et scandaient « Heil Israël ». J'ai voulu me précipiter, crier, me battre, dire : « Je suis juif. Avec ces mains-là, j'ai retiré de la chambre à gaz de Treblinka les corps des martyrs assassinés, et je les ai enfouis dans le sable jaune des fosses. C'était il y a plus de soixante ans. J'ai réussi à fuir ce camp d'extermination, et j'ai combattu les armes à la main dans les décombres du ghetto de Varsovie où les SS traquaient les quelques survivants du massacre. Ces hommes en noir n'avaient pas besoin de crier : "Mort aux Juifs !" Ils nous tuaient par millions. »

Mais j'ai échappé à la mort une nouvelle fois, et c'est moi qui suis entré dans Berlin en ruine, moi qui ai été victorieux de ceux qui voulaient nous voir disparaître. J'ai cru que plus jamais il ne me serait donné d'entendre ce cri, « Mort aux Juifs », qui avait accompagné ma jeunesse, à Varsovie, dans cette Pologne antisémite où j'avais grandi. Eh bien, je me trompais.

Alors qu'on a tourné la dernière page du XXe siècle, qu'un autre commence, voici qu'à Paris, en Europe, dans

17

presque tous les pays, se lève le vent de la haine contre mon peuple. Voici que des jeunes gens, emportés par la volonté de nous tuer, choisissent de mourir pour être sûrs d'assassiner nos enfants, nos frères, nos femmes, nos pères. Et d'autres exaltent ici ce choix de la mort comme un acte héroïque. Il n'y a pas d'héroïsme dans la négation de sa propre vie, transformée en instrument de mort !

Il faut donc qu'à plus de quatre-vingts ans, alors que depuis plus de dix ans j'avais choisi le silence, je reprenne la parole, je crie ma rage, je dénonce ceux qui nous conduisent à de nouveaux holocaustes, où tous les hommes, et d'abord mon peuple, seront entraînés.

Je veux, avec toute mon énergie que je sens aussi grande que lorsque je jurais les dents serrées que je survivrais pour témoigner, alerter, léguer ce que j'ai appris et ce que j'ai vu. Combattre à ma manière, avec mes mots, pour empêcher le cataclysme. Je dois le faire parce que je suis l'un des derniers témoins des horreurs du XXᵉ siècle, l'un des ultimes survivants des camps d'extermination.

Je dois le faire parce que j'ai cinq enfants, dont le plus jeune, Tom, n'a pas dix ans. Et qu'ils vont vivre dans ce XXIᵉ siècle qui débute si mal.

Mais je dois le faire non pas seulement *Au nom de tous les miens*, mais *Au nom de tous les hommes*.

Bien sûr je pense « aux miens ». Mais je sais que tous les hommes sont liés entre eux, par une commune humanité.

Celui qui nie à l'Autre sa qualité d'homme ne peut trouver la sécurité et la paix.

J'en veux « aux miens » qui n'ont pas compris cela. Ils s'imaginent qu'en humiliant les prisonniers, en les torturant, en les abattant même, ils feront disparaître les dangers qui pèsent sur eux ! Quel aveuglement, quelle bêtise. De la barbarie, de l'injustice ne peut surgir que le désir de vengeance.

Je sais de quoi je parle : on m'a humilié, on m'a torturé, on a tué mes frères, mes sœurs, la plupart des membres de ma famille. Et à chaque coup reçu, je sentais se renforcer en moi la volonté de survivre, de punir ceux qui me battaient. Et quand j'ai vu ces photos d'Irakiens nus, tenus en laisse, entassés comme des animaux, j'ai été blessé au plus profond de moi-même, comme si je venais d'être trahi.

Bien sûr, je n'oublie pas la barbarie, le fanatisme criminel, le désir de mort des kamikazes.

Je n'oublierai jamais l'égorgement de Nicolas Berg et d'autres otages, mes frères américains, italiens, coréens, japonais, avec ce coutelas des temps primitifs.

Ceux qui ont accompli cet acte, et d'autres semblables, quand, par exemple, ils ont égorgé Daniel Pearl, ont montré qu'ils avaient perdu leur dignité d'homme. Car c'est le bourreau toujours qui devient animal alors qu'il croit et qu'il veut traiter son prisonnier comme tel.

Je sais que je n'ai rien de commun avec ces fous du mal que sont les fanatiques musulmans.

En revanche, on a torturé en mon nom en Irak.

Et de cela je me sens humilié et blessé.

Moi, Juif polonais, évadé du camp d'extermination de Treblinka, combattant du ghetto de Varsovie…

Moi, devenu citoyen des États-Unis, pays qui m'a offert la liberté et permis de faire fortune…

Moi, les bourreaux des prisons de Bagdad m'ont torturé en même temps qu'ils torturaient les Irakiens.

Alors je dois crier, au nom de ce que les nazis m'ont infligé, au nom de ce que je suis, au nom de la fidélité à mes frères torturés, abattus, gazés près de moi.

Au nom de cette Liberté dressée à l'entrée de New York et que j'ai contemplée avec des larmes dans les yeux comme des millions d'autres hommes, femmes et enfants avant moi.

Finissons-en avec la barbarie, avec l'humiliation, avec la guerre. Qu'une frontière infranchissable soit élevée en chacun de nous entre l'instinct qui pousse à faire souffrir, à opprimer l'Autre, et l'esprit de fraternité.

Je le dis *Au nom de tous les miens*, c'est-à-dire *Au nom de tous les hommes*.

Et j'entends les cris des suppliciés, à quelque camp qu'ils appartiennent. Et même si je sais que parmi ces victimes certains ont crié « Mort aux Juifs ».

2
L'HOMME EN PRIÈRE ET MASSADA

Je n'aurais pas dû être surpris par ces appels au meurtre et ces inscriptions de haine. Depuis que l'homme sait parler et écrire, il maudit son semblable, l'humilie, le réduit en esclavage, le torture et le tue.

Nous sommes comme ces chiens dont les Turcs voulaient se débarrasser. Ils les avaient rassemblés sur une île déserte, ne voulant pas les tuer eux-mêmes et comptant sur la faim et la férocité pour qu'ils s'égorgent entre eux. Et c'est ce qui advint. Les bêtes s'entre-dévorèrent et il n'y eut plus bientôt sur l'île que des ossements blanchis par le soleil, que les oiseaux avaient nettoyés, si bien que le sol paraissait couvert de débris de pierres.

Je ne voulais pas raconter cela à mes enfants. Je craignais de les désespérer.

Aujourd'hui je dois parler. D'ailleurs, Larissa, l'une de mes filles, m'a reproché mon silence.

Elle avait lu le récit de ma vie. Elle a brandi mon livre devant moi, comme un acte d'accusation. Elle voulait en savoir plus. Elle cherchait à comprendre. Ce que j'avais écrit dans *Au nom de tous les miens* ne lui suffisait pas.

Elle répétait : « Pourquoi ? »

Elle baissait la tête, comme si elle craignait qu'il y eût dans notre destin la preuve d'une malédiction nous poursuivant depuis deux mille ans.

Elle m'a raconté, d'une voix tremblante et angoissée, qu'un jour, gare du Nord, à Paris, alors qu'elle arrivait de Bruxelles, elle avait vu des jeunes gens entourer et bousculer un garçon portant une kippa. Elle avait entendu les insultes. Elle avait vu les crachats dont il était couvert.

Les frères et la sœur de Larissa l'écoutaient et je lisais l'inquiétude sur leurs visages.

Cela, je ne le pardonnerai jamais. Et je parle aujourd'hui pour avertir, faire tomber les illusions, donner des armes.

Oui, il faut que mes enfants le sachent ; depuis le début de l'Histoire, nous avons été haïs et persécutés. Pour un souverain, un consul, un paysan, un écrivain qui nous acceptait pour ce que nous sommes, un peuple avec sa foi, fidèle à son Dieu, prêt à mourir plutôt que d'y renoncer, combien de pharaons, d'empereurs, de papes, de rois, de chanceliers nous ont pourchassés ? Combien de philosophes, de prêtres, de grands juristes ont applaudi nos bourreaux, élaborant des lois, des théories, pour nous condamner, légitimer ceux qui nous chassaient, nous massacraient ?

Et les paysans, les ouvriers, nos voisins, leurs enfants et leurs femmes se sont jetés sur nos maisons, les ont pillées, incendiées. Ils nous ont lapidés, battus, pendus, et ils se sont partagé nos biens, heureux de nous avoir égorgés, sans remords, persuadés que nous voulions dominer le monde, et que nous nous réunissions pour boire le sang de leurs enfants que nous aurions volés et saignés !

Ce ne sont pas des mots pleins de poussière que j'écris ici. J'ai vécu cela. D'autres, nos frères, aujourd'hui, subissent encore ces persécutions.

Moi, dans les rues de Varsovie, des années avant que les nazis n'entrent dans la ville, j'ai vu battre des vieillards et des enfants parce qu'ils étaient juifs.

J'ai vu les pierres briser les vitrines des petites boutiques des amis de mon père qui, comme lui, travaillaient le cuir, les fourrures, les tissus, fabriquaient des gants ou des chapeaux, des manteaux ou des chaussures. Gens humbles, qui ne demandaient qu'à vivre en paix, à prier, à se conformer aux lois, et qui acceptaient d'être cantonnés dans un ghetto.

Mais cela ne suffisait pas aux antisémites. Cela ne leur suffit pas aujourd'hui. Cela ne leur suffira jamais. Ce qu'ils veulent, c'est notre mort. Pour cinq kilos de sucre, des paysans polonais nous livraient aux nazis, les conduisaient jusqu'aux forêts et aux maisons où nous étions cachés.

Et quand j'apprends que dans tel ou tel pays musulman ou dans telle ou telle banlieue d'Europe, on a insulté, battu un Juif, mis le feu à sa maison, à son école ; quand je lis que les grands journaux arabes expliquent que l'attaque contre les Twin Towers le 11 septembre 2001 est une provocation montée par les services secrets israéliens, et que les Juifs travaillant dans ces tours ont été prévenus de ne pas s'y rendre ce jour-là, je sais que tout ce que j'ai vécu recommence.

Je pense à mes amis qui sont morts dans les décombres de ces tours. Pour moi ils rejoignent ces milliers de corps qui sont couchés côte à côte dans ma mémoire et que, à Treblinka, j'ai dû ensevelir, ou que, dans le ghetto de Varsovie, il m'a fallu laisser parmi les pierres pour continuer de combattre. À tous ces signes – une injure ici, un crachat là, une pierre contre une devanture, une inscription, un incendie, une persécution, un discours, une histoire pour se moquer – je vois reparaître ce monstre hideux, anthropophage, qui nous a persécutés, que j'avais cru terrassé et qui retrouve sa force.

Pourquoi, pourquoi, pourquoi cette résurgence ?

Je parle, j'écris, et je vois dans les yeux de mes enfants l'incompréhension.

Qu'avons-nous fait pour être ainsi stigmatisés ? Persécutés, et que cela ne cesse pas ?

Les uns disent : c'est la faute d'Israël, cet État voleur de terres palestiniennes, cet État brutal qui tue les enfants, qui érige un mur sur des terres qui ne lui appartiennent pas et qui parque les Arabes dans un ghetto, les bombarde et les humilie.

Il faut bien que les persécutés se défendent ?

Alors, les plus déterminés entourent leur corps d'une ceinture bourrée d'explosifs, entrent dans un café ou montent dans un autobus ou s'arrêtent à un poste de contrôle, et déclenchent leur bombe bourrée de clous, de pièces de métal pour tuer le plus grand nombre d'Israéliens.

Et il en est ici qui croient qu'en effet ce retour de l'antisémitisme est lié à ce qu'ils appellent « le conflit du Moyen-Orient », qu'il suffirait que la paix s'y établisse et pour cela que la politique israélienne change, pour que disparaisse l'antisémitisme et qu'ici en Europe ou dans les pays d'Islam en Afrique ou en Asie, on cesse d'insulter ou d'assassiner les Juifs.

Mais dans les années 1930, les Polonais que j'ai vus battre un vieillard jusqu'à ce qu'il s'écroule sur les pavés de ma rue, parce qu'il était juif, le faisaient-ils parce que les tanks israéliens étaient entrés dans Gaza ?

Il n'y avait pas d'État d'Israël quand les nazis ont rassemblé sur l'Umschlagplatz, les Juifs du ghetto de Varsovie et qu'ils les ont fait monter dans les trains pour Auschwitz ou Treblinka.

Il n'y avait pas d'État d'Israël quand, en France, on a accusé le capitaine Dreyfus d'être un traître, parce qu'il était juif.

Il n'y avait pas d'État d'Israël quand, dans la Russie du tsar, les tueurs s'élançaient dans les ghettos, afin de détruire et de massacrer.

Les pogroms ont commencé en même temps que l'Histoire, au bord du Nil, quand un pharaon a ordonné de noyer, d'égorger tous nos premiers-nés.

Pourquoi ? Pourquoi ?

Je me suis longtemps interrogé. Je me suis torturé avec cette question quand, à chaque instant, je voyais mourir l'un des miens, un enfant, une femme, un vieillard, un jeune homme, et les gardiens – allemands, ukrainiens – les tuaient sans même leur accorder un regard, comme on écrase un insecte, comme on écarte du pied un caillou.

Pourquoi ? Pourquoi ?

J'ai plus de quatre-vingts ans.

J'ai donc survécu, traversé les cercles de l'enfer où le destin, l'Histoire, les circonstances m'ont placé.

J'étais un adolescent juif de dix-sept ans quand les nazis sont entrés dans Varsovie.

Je croyais savoir ce qu'était l'antisémitisme, de quoi il était capable. Il m'a suffi de quelques jours pour découvrir que la barbarie est sans limites.

J'ai vécu dans le ghetto. J'ai été déporté à Treblinka. J'ai fait partie du *Sonderkommando* – des hommes choisis pour leur jeunesse, leur vigueur et qui survivaient quelques jours de plus que les autres –, j'étais chargé de retirer les corps des chambres à gaz et de les enfouir. C'était le dernier cercle de l'enfer.

J'ai réussi à m'enfuir. J'ai combattu dans les ruines du ghetto. Puis dans les maquis de Pologne et avec l'Armée russe et rouge.

Après la guerre, je me suis installé aux États-Unis. J'y ai connu le bonheur : ma femme Dina. Nous avons eu quatre enfants. Et un jour d'octobre 1970, un incendie de forêt, sur la Côte d'Azur, a brûlé les miens.

Ma femme, mes quatre enfants.

J'ai survécu.

Et il m'est arrivé souvent de penser que survivre était ma malédiction.

J'ai continué à vivre pourtant. Aujourd'hui, j'ai cinq enfants. Et je pose ma main sur la tête de Tom, le plus jeune de mes fils.

Et je pense que le monstre qui nous a persécutés se réveille et qu'il a faim de notre chair.

Pourquoi, pourquoi ?

J'ai beaucoup vécu. J'ai côtoyé des hommes de toutes les conditions et de toutes les origines. J'ai été debout parmi ceux, alignés dans une rue, qu'on s'apprêtait à fusiller ou à déporter.

J'ai couché dans un dortoir près d'hommes qui préféraient se pendre plutôt que de vivre un nouveau jour à Treblinka.

J'ai été un soldat parmi les soldats et j'ai découvert ceux qui aimaient tuer, faire souffrir, et qui, quel que fussent leur uniforme et la cause qu'ils servaient – et elle était juste puisqu'il s'agissait d'écraser le nazisme –, avaient des âmes de bourreaux.

J'ai appelé ces hommes des « animaux à visage d'homme ». J'ai appris à lire en un instant le secret de leur âme. Et j'en ai croisé partout.

Ils entraient dans la boutique d'antiquité que j'avais ouverte à New York, et il suffisait d'un seul regard pour que je les reconnaisse.

Ils étaient parmi mes voisins, en apparence hommes comme les autres, mais moi je savais qu'en certaines circonstances le bourreau qui était en eux aurait arraché son masque, et ils seraient devenus des tueurs.

Je les ai croisés dans les rues, à New York, à Paris, et ils sont présents aussi en Israël.

Peut-être même que l'un de ces hommes-là vit en moi ! Même si toute ma vie j'ai lutté contre eux.

Voilà ma première réponse : l'homme, quel qu'il soit, porte en lui la fureur assassine de l'animal.

Elle est là, tapie au fond de son corps, comme dans les replis sombres d'une grotte dont on ne connaît pas les méandres. Elle montre sa gueule, parfois, dans un geste de colère et de violence. Le visage de l'homme ou de la femme se déforme. On ne le reconnaît pas. Puis tout s'apaise. La bête somnole, la fureur est rentrée dans son antre. Et l'homme redevient ce civilisé qui vous respecte, vous écoute, vous aide, vous comprend. Un frère humain avec qui l'on peut dialoguer.

Mais la fureur demeure. Et si tout à coup la peur s'installe, si on a froid ou faim, si notre vie est en danger, voilà la fureur qui reparaît, le visage qui grimace, la voix qui hurle, les poings qui frappent.

J'ai vu cela cent, mille fois.

Dans le wagon plombé, qui roulait vers l'enfer, nous étions serrés les uns contre les autres à ne pouvoir respirer, certains devenaient fous, enragés, frappaient leurs voisins pour tenter de s'approcher de la fissure par où passait, entre les planches, un peu d'air.

J'ai compris ces jours-là, dans ce train de la mort, dans ce camp d'extermination, puis dans la guerre mais aussi dans la vie quotidienne, que la fureur, d'un coup de dent, peut déchirer le visage souriant de celui que vous croyez connaître et alors surgit la gueule du monstre.

Cette bête, cette fureur, ce Mal, ce monstre sont en nous, qui que nous soyons.

Est homme celui qui refoule au fond de cette grotte sombre cet animal sanguinaire, capable de tuer même son propre frère.

Chacun peut être Caïn.

Chacun peut être Abel.

Et pour ne pas être la victime offrant sa gorge, il faut savoir qu'en nous Caïn est à l'affût.

C'est l'histoire de l'homme depuis qu'il est homme. Et il est à certains moments des empires, des États, des civilisations où, au lieu de tenter de contenir, d'étouffer, par les lois, les « cultures », le monstre, on l'exalte, on célèbre ses vertus, on veut utiliser la fureur de chaque homme pour en faire une bête immense, donnant force et violence, à l'empire, à l'État, à ses armées.

J'ai compris cela à l'automne 1939, quand j'ai vu défiler les divisions nazies dans les rues de Varsovie.

Les talons martelaient les pavés. Les hommes étaient casqués. Bientôt ils ont levé les crosses de leurs fusils et les ont abattues sur nos épaules, et puis ils nous ont contraints, au milieu de leurs bottes et de leurs rires, à nettoyer le sol des rues pour nous humilier. Et à quelques pas les Polonais riaient de voir des hommes vieux et dignes, nos rabbins et nos médecins, brosser les trottoirs et les chaussées et recevoir des coups parce qu'ils n'allaient pas assez vite dans leur besogne. Hitler l'avait dit dès *Mein Kampf* : que chaque nazi soit comme un loup, que la force prime le droit.

Cela, je l'ai vécu.

J'ai subi la loi de ces hommes devenus plus cruels que le plus sauvage des animaux.

C'était Caïn qui régnait et tuait Abel, sans en avoir aucun remords.

Au contraire, on célébrait Caïn comme un héros. On le donnait en exemple. On l'acclamait.

Mais rien dans cette exaltation du monstre humain ne devrait nous surprendre.

L'histoire humaine est une longue suite de génocides, de barbaries et de cruautés. C'est la « bête » qui règne le plus souvent.

J'ai imaginé en gravissant les gradins du Colisée à Rome cette foule de plusieurs milliers de citoyens du plus grand, du plus achevé des empires de l'Antiquité, hurlant de joie quand entraient les gladiateurs dans l'arène. Ces hommes allaient donner le spectacle de la mort, de la monstruosité. On allait livrer certains d'entre eux aux bêtes féroces. Et Néron allait se servir d'hommes comme de torches pour éclairer les spectacles qu'il offrait aux Romains.

Dans tout l'Empire, et avant déjà dans la République, ces jeux criminels étaient célébrés. Et pas une seule des grandes villes romaines qui ne comporte ses arènes où l'on s'agglutinait pour voir mourir des hommes.

Parce que j'ai traversé l'enfer, je sais que cela est encore possible aujourd'hui.

On va hausser les épaules. On va dire que je suis fou. Nos jeux ne sont-ils pas bien anodins comparés à ceux de Rome ?

Et cependant, comment croire que le monstre, le Caïn qui sommeille en nous, ait disparu ?

Qu'est-ce qu'un kamikaze, au-delà des raisons qu'il se donne pour choisir de tuer en mourant ? Un homme ou une femme qui offre au monde un spectacle de mort, en provoquant la mort. C'est la même inclination monstrueuse que celle qui existait – avec d'autres motivations – dans l'empire de Rome.

Et puis il y a tous ces meurtres, ces tortures qui ont envahi les œuvres de notre culture.

Nous n'allons plus nous entasser sur les gradins d'un amphithéâtre pour voir des gladiateurs s'entre-tuer ou des lions dévorer des martyrs.

On ne crucifie plus le long de la voie Appia, de Capoue à Rome, six mille esclaves qui s'étaient révoltés.

Mais chaque jour, à chaque minute, sur nos écrans, dans le monde virtuel fait d'images qui nous enveloppent de plus en plus, un Caïn tue un Abel, pour notre plus grande satisfaction. Films d'horreur, séries policières, drames et tortures en tout genre : voilà ce que nous regardons avec avidité.

On nous montre dans les séries de télévision – et nous sommes rivés devant nos écrans – des hommes que l'on scie en deux, d'autres qu'on écorche et d'autres encore auxquels on perce les genoux. Des victimes sont livrées aux chiens, suspendues à des crochets.

Ce ne sont que fictions, crimes virtuels, mais on nourrit ainsi le monstre en nous, on l'entretient dans cette cage virtuelle, on veut qu'il vive dans notre imaginaire, pour qu'il puisse un jour, si besoin est, surgir.

Les écrans de télévision sont ainsi devenus nos amphithéâtres où s'égorgent chaque jour, pour des centaines de millions de spectateurs, des milliers d'hommes.

Caïns de cinéma, dira-t-on ! Mais qui, par les audiences qu'ils suscitent, révèlent bien que nos Caïns demeurent en nous, prêts à tout, et que nous continuons de rêver au meurtre.

Et l'actualité chaque jour, sur les écrans encore, mais rapportant des événements bien réels, nous montre ces dizaines, ces centaines, ces milliers de victimes livrées à des bourreaux.

Un autobus explose et parmi les barres d'acier tordues, les vitres brisées, les corps sont lacérés, déchiquetés, comme l'étaient dans l'arène romaine ceux des martyrs par les griffes d'un ours ou les mâchoires d'un lion.

Un obus écrase une maison et sous les gravats, on extraie les corps désarticulés des enfants.

Comme ceux que certains empereurs se plaisaient à voir torturer. Et là, c'est une femme enveloppée dans un sac blanc qu'une foule hurlante lapide jusqu'à ce que le tissu qui la cache soit rouge.

Et dans cet autre pays, c'est un adolescent auquel on tranche le poignet droit et le pied gauche, pour le punir d'un vol. Et les Caïns en masse d'applaudir.

Et faut-il que je parle du million d'Africains tués à coups de machette ? Des enfants mutilés ?

Faut-il que je rappelle ce que j'ai vécu : le massacre organisé, l'extermination méditée, planifiée, de tout un peuple, le mien ?

Voilà l'homme, d'hier, et d'aujourd'hui.

Et quand on caresse le monstre tapi au fond de soi, quand on le flatte et le gave, quand on ne veut pas, en somme, museler Caïn, alors, on méprise, on veut chasser, persécuter, égorger ceux qui ont enchaîné Caïn.

Si Caïn tue Abel, c'est parce qu'il sait que celui-ci ne laissera pas le monstre – son Caïn – le dominer, l'entraîner.

Il ne lui cédera pas. Il ne sera jamais l'apôtre ou le serviteur du Mal.

Et si on nous hait, nous, les Juifs, c'est parce que nous avons voulu être, parce que nous sommes le plus souvent, les Abels de l'histoire humaine.

Car Dieu – Yahvé – a retenu la main d'Abraham au moment où il s'apprêtait à égorger son fils croyant ainsi plaire à Dieu, comme le faisait les autres peuples qui sacrifiaient des hommes à leurs idoles.

Dieu a voulu que nous soyons le peuple qui renonce aux sacrifices humains, qui détourne vers un animal cette éternelle pulsion de meurtre que l'homme porte en lui.

Voilà ce qui depuis l'origine des temps, dans notre Bible, nous distingue, et fait de nous aussi un reproche vivant à ceux qui perpétuent les sacrifices humains, à ceux qui donnent à Caïn la liberté de tuer et qui se soumettent à lui.

Notre peuple est celui qui enferme le monstre, l'enchaîne, et nous distingue ainsi des autres.

C'est ce qui nous rend insupportables. C'est pour cela qu'au-delà de tous les prétextes, on nous tue. Et comme, malgré le temps et toutes les vicissitudes et toutes les persécutions, nous sommes restés, pour l'essentiel, fidèles à notre Loi, nous demeurons le peuple qu'il faut tuer pour que Caïn règne sans remords.

Il ne faut pas que l'un de nous puisse regarder Caïn, et que notre regard le poursuive jusqu'au fond de la tombe où il s'est réfugié pour lui échapper.

Je me souviens de cet homme pieux qui, dans le ghetto de Varsovie, continuait de prier malgré les coups. Il ne faisait pas un geste pour se défendre alors que les bourreaux le frappaient de plus en plus fort. Son attitude et son recueillement, ses lèvres qui remuaient à peine, cette grandeur dans la souffrance, étaient intolérables à ces Caïns en uniforme noir qui s'acharnaient sur lui.

Ils ont écrasé sa bouche, brisé ses dents à coups de crosse. Puis ils ont martelé son crâne jusqu'à ce qu'il ne soit plus que ce cadavre sanglant au milieu de la chaussée. La rue était déserte. Tout le monde avait fui. Je me tenais dissimulé dans l'encoignure d'une porte, tremblant de colère et d'effroi.

J'avais dix-huit ans.

Ce jour-là j'ai compris, vraiment, ce qui même dans la mort, dans la défaite faisait l'invincibilité du peuple juif, et je me suis juré aussi qu'on devait, tout en restant Abel, se battre, ne pas se laisser massacrer. Cela aussi était notre devoir, notre fidélité à nos origines.

Tout à coup, un soldat m'a aperçu et s'est avancé vers moi, pointant son fusil dans ma direction. J'ai pensé « je vais mourir ». Et à cet instant je me suis souvenu de mon père qui, un soir, nous avait raconté la résistance des Juifs, sur un piton rocheux qui dominait la mer Morte. Il avait évoqué les troupes romaines qui, en cette année 1970, avaient assiégé ce rocher de Massada. Et à la fin, plutôt que de se rendre, les combattants juifs s'étaient suicidés.

Moi, je ne devais pas mourir. Pas encore.

J'ai bondi. J'ai surpris le soldat. Je l'ai renversé d'un coup d'épaule, et j'ai couru, poursuivi par les cris des SS, les balles sifflaient autour de moi.

Ils n'ont pas réussi à me tuer.

Je suis resté caché plusieurs jours dans une cave alors que les rafles commençaient dans le ghetto. Je ne voyais rien de ce qui se passait dans les rues mais j'entendais les aboiements des bourreaux et de leurs chiens, les cris de désespoir des femmes, les hurlements des enfants.

Quand je suis ressorti, certains immeubles avaient été entièrement vidés de leurs habitants. J'ai retrouvé quelques camarades avec qui nous franchissions les murs du ghetto. Ils m'ont appris que certains policiers juifs, qui portaient bottes, casquettes et brassards, avaient, pour sauver leur vie, aidé les SS dans leur tâche. Ils s'étaient soumis, eux, du peuple d'Abel, à la loi de Caïn. Ils n'y gagneraient que la honte.

La leçon de l'homme en prière et de Massada, de toute notre histoire, c'était qu'il fallait rester fidèle, et préférer la mort à la capitulation, le suicide à la reddition.

Je voulais être vainqueur, survivre, et ne pas trahir la Loi.

Des années plus tard, en 1988, pour le quarantième anniversaire de la fondation de l'État d'Israël, j'étais au pied de la forteresse de Massada. Sous le ciel de la nuit de Palestine, les pentes du piton rocheux se découpaient, immuables depuis les temps héroïques de la résistance aux Romains, il y avait plus de dix-neuf siècles. Et les Juifs étaient revenus sur leur terre. Et Zubin Mehta dirigeait là, sous ce symbole de notre permanence, l'Orchestre philharmonique d'Israël. Et j'étais, moi, Mietek Grayewski, l'ancien combattant du ghetto de Varsovie, le survivant de Treblinka, l'hôte d'honneur de cette soirée – aux côtés de Gregory Peck et d'Yves Montand. Mais la notoriété et la gloire des assistants s'effaçaient devant l'émotion du souvenir. Je regardais les visages de tous les ministres du gouvernement israélien, les ambassadeurs de tous les États, les artistes : tous n'étaient plus que des frères rassemblés autour des quelques survivants dont j'étais, en mémoire de tous nos disparus.

J'ai posé mes mains sur les épaules de mes enfants, je les ai serrés contre moi.

La scène que j'avais vécue à Varsovie m'est revenue. Mon corps tremblait encore, mais c'était d'émotion et de joie.

Je pensais à l'homme pieux qui revivait ici, dans toutes ces mémoires rassemblées.

C'était lui le vivant, le vainqueur, même si ceux qui l'avaient battu à mort avaient cru ce jour-là en finir avec lui parce qu'ils lui avaient fracassé la tête.

C'est sa leçon de fidélité et d'humanité, de foi et de courage qui avait guidé ma vie. Que j'avais essayé, malgré des errements, de suivre.

J'avais écrit dans *Au nom de tous les miens*, en songeant aux corps des combattants du ghetto ensevelis sous les décombres : « Nos vies avaient la résistance de la pierre et nos pierres l'éternité de la vie. »

J'en portais témoignage au pied de la forteresse de Massada, alors que s'élevaient dans la nuit les accents de la symphonie n° 2 de Mahler – *Résurrection*.

Et, aujourd'hui, alors que ma vie approche de son terme, que de toutes parts montent les signes d'un renouveau de haine contre nous, je réécris ces mots avec fierté.

Nous sommes le peuple d'Abel, mais nous ne nous laisserons pas tuer.

Par fidélité à notre mémoire et parce que si nous disparaissions comme le veulent et le rêvent tous les antisémites, ceux qui murmurent leur haine et ceux qui la hurlent, alors la terre deviendrait le royaume de Caïn.

Et cela ne se peut pas.

3
LA CROIX DU CHRIST

Caïn le tueur rôde autour de nous depuis l'origine des temps.

Pour qu'il tue sans remords il faut que les Juifs meurent. Et sa haine se nourrit de notre seule existence. Nous ne sommes pas des tueurs. Nous avons renoncé aux sacrifices humains. Nous avons enfermé au plus profond de nous le monstre qui habite chacun de nous et avec qui il faut à chaque instant lutter, qu'il faut surveiller pour qu'il ne s'échappe pas de sa prison et ne nous ensevelisse : cela seul suffit à expliquer l'antisémitisme, quelles que soient les raisons, savantes ou sordides, qu'on lui donne.

Déjà, dans la civilisation romaine, et avant que les légions ne détruisent le temple de Jérusalem et que ne meurent les combattants de Massada, on ne comprenait pas que nous soyons le seul peuple à ne pas avoir bâti sur son sol un amphithéâtre pour que s'y déroulent les combats à mort des gladiateurs.

Qu'étions-nous donc pour refuser ainsi les jeux de sang ?

Pour ne pas nous repaître du spectacle des Caïns luttant entre eux et s'entre-tuant, ou bien livrés aux bêtes.

Les Romains nous méprisaient pour cela. Nous ne nous abreuvions pas de sang.

Et c'est pourtant de cela qu'ils se sont mis à nous accuser, parce qu'il leur était inconcevable que nous ne célébrions pas le culte de la mort.

Et que nous ne l'acceptions et ne la donnions que pour ne pas mourir.

Ils voulaient que nous soyons comme eux, des Caïns, à l'affût, cherchant à écraser sous leurs bottes les autres hommes.

Et nous préférions prier, étudier le Livre, commercer et bâtir, ou rêver.

Alors l'un d'entre nous, comme d'autres parmi nous avant lui, s'est mis à prêcher, à annoncer qu'il était le fils de Dieu, le Messie.

Je ne veux pas ici jouer au savant, à l'exégète, et raconter à ma manière la passion du Christ.

Je sais seulement qu'il était juif, comme moi. Qu'il est né de mon peuple, et que le christianisme est ainsi lié à nous, comme l'enfant à sa mère. Et même lorsque le cordon ombilical est tranché, le fils reste le fils de la mère. En eux coule le même sang.

Et pourtant, dans les villages de Pologne où j'ai vécu, on poursuivait les Juifs, on me traquait, en m'accusant d'être coupable de la mort du Christ.

C'est nous, c'est moi qui l'avions crucifié.

Enfin nous étions devenus responsables d'un meurtre ! Enfin nous étions Judas et Caïn ! Nous vendions notre frère, notre Seigneur en Dieu, pour une poignée de deniers, et nous le livrions aux légionnaires romains pour qu'on le tue. Nous étions le traître, le lâche, le criminel, le rapace.

Caïn plus coupable que Caïn.

Je n'entrerai pas dans le dédale des réfutations de ces

accusations. Je n'irai pas chercher les témoignages, les preuves de notre innocence dans les livres d'histoire.

Je sais que nous étions le peuple origine, mère et père, et que les chrétiens étaient les fils, et qu'ils voulaient apparaître comme les Premiers.

Et qu'ils nous en ont fait porter jusqu'à aujourd'hui la faute. Et qu'ils nous ont chargés de la croix du Christ.

Quand ils sont, des siècles plus tard, partis en croisade pour libérer le tombeau du Christ tombé aux mains des musulmans, leur route, à travers l'Europe, n'a été qu'une longue traînée de sang.

Le nôtre.

Car ils entraient dans les villes d'Allemagne où nous vivions en paix, où nous priions entre nous, sereinement, calmement, et ils nous assassinaient.

Et comme il fallait un prétexte à ces massacres, à ces vols, à ces incendies, ils disaient que nous étions les Infidèles, le peuple déicide.

Nous qui, le premier parmi les peuples, avions proclamé le Dieu unique. Nous qui avions respecté les Tables de la Loi. Nous qui avions refusé les idoles.

Mais en chaire certains prêtres nous accusaient, même si d'autres, peu nombreux, nous protégeaient.

J'ai connu en Pologne, après m'être enfui de Treblinka, ces deux visages du chrétien.

Un prêtre m'a accueilli dans son église. Il a compris qui j'étais alors que je me présentais à lui comme un chrétien, que je récitais les prières, que je portais une médaille de la Vierge Marie autour de mon cou.

C'était cela ou la mort.

Il m'a béni. Il a accepté que je serve la messe. Il m'a mis en garde contre les paysans qui remplissaient chaque dimanche son église. Et c'est lui qui m'a guidé vers les forêts où se cachaient les résistants aux Allemands. Mais il m'a dit de ne pas leur avouer que j'étais juif. Car le peuple polonais depuis le commencement de son histoire nous pourchassait, nous enfermait dans des ghettos et les pillait. Les empereurs de Russie attisaient cette haine contre nous, fomentaient ces pogroms, afin que la colère des Polonais, occupés par les troupes du tsar, ne se tourne pas contre elles.

Et les prêtres prêchaient contre nous, les déicides.

Agenouillé dans les derniers rangs des fidèles dans une autre église, j'ai entendu l'une de ces voix qui aurait dû, au nom de sa foi, professer le pardon, l'aide aux persécutés que nous étions, inciter les croyants à nous dénoncer aux nazis, et rappeler que pour chaque Juif livré, on recevait des bourreaux cinq kilos de sucre.

C'était l'autre visage du chrétien, du prêtre.

L'un m'avait sauvé. L'autre me condamnait.

Mais de ce temps-là, alors que je fuyais ces églises où l'on me vouait à la mort, je me suis toujours souvenu de celles où l'on m'accueillait comme un enfant pourchassé de la grande famille des croyants dont nous étions tous membres.

Et j'ai espéré qu'un jour nous nous souviendrions, les uns et les autres, que nous étions issus de la même terre, de la même foi.

J'ai vécu assez pour voir l'Église du Christ renoncer à ses accusations contre nous et condamner l'antisémitisme. Et j'ai vu le pape Jean-Paul II, le Polonais issu de ce clergé à deux visages, entrer dans la synagogue de Rome, et prier devant le mur des Lamentations à Jérusalem.

J'ai entendu dans une église en France – comment aurais-je pu imaginer cela, jeune homme persécuté, agenouillé dans une église où l'on maudissait les Juifs – le prêtre en chaire citer de nombreux passages de mes livres, et dire qu'ils exaltaient les forces de la vie, exprimaient la foi de ceux qui faisaient de l'Amour – et non de la force ou de la violence – la loi de la vie.

Je peux mesurer ainsi ce qui a changé.

Ceux qui voulaient nous exterminer, les bourreaux de la Shoah, et ceux qui par leurs paroles, leurs écrits, les justifiaient, rendaient la haine légitime, et offraient le couteau à Caïn, se sont, en nous tuant par millions, démasqués, pour ce qu'ils étaient : des animaux à visage d'homme, tueurs, Caïns. Et même s'ils parlaient dans une église, ils étaient des criminels au même titre que ceux que je voyais dans le camp de Treblinka, portant à leur bras un brassard à croix gammée et tuant comme on cligne des yeux.

J'ai confié ces réflexions, un jour, il y a une vingtaine d'années, à mi-chemin donc entre le temps du ghetto et le temps d'aujourd'hui, à des amis canadiens qui m'accueillaient et avaient organisé pour moi une série de conférences au Québec. Je leur ai rapporté les paroles opposées de ces prêtres polonais. Je leur ai dit que dans certains villages, les paysans catholiques tuaient les Juifs sans même que les nazis leur en donnent l'ordre.

Les Juifs avaient, selon eux, tué le Christ, comme on le leur avait enseigné dans le catéchisme : ils devaient donc mourir. Et comme certains Juifs étaient communistes, ennemis de l'église, alliés des Russes, donc – ces vieux ennemis de la Pologne –, athées souvent, il fallait qu'ils paient de leur vie ce crime contre Dieu et cette complicité.

Mes amis m'ont écouté. Puis l'un d'eux, un prêtre, s'est levé, est venu vers moi, m'a serré contre lui et a murmuré : « Je veux que vous parliez dans mon église à mes fidèles. »

C'est l'un de mes plus émouvants souvenirs.

Le chœur de l'église était rempli d'une foule recueillie. Je parlais de ma vie, c'est-à-dire des souffrances subies par les hommes dans ce XXe siècle de fer.

À ma gauche, se dressait une statue de la Vierge.

Derrière moi, dominant l'autel, un christ crucifié ouvrait ses bras, et durant toute ma conférence, j'ai eu le sentiment qu'il me tenait aux épaules, qu'il m'incitait à parler encore, à dire le fond de mon âme.

J'avais envie de pleurer. Pas seulement parce que j'évoquais le souvenir de mes enfants disparus, de toutes mes familles détruites, l'une par la haine des hommes, l'autre par le feu de la négligence et de la bêtise humaines, mais parce qu'il me semblait qu'à cet instant, enfin, juifs et chrétiens, l'origine et la descendance, étaient réunis.

Que c'en était fini de la haine entre eux.

4
LE PEUPLE D'ABEL

Je me suis trompé.

Même si l'Église a condamné l'antisémitisme, il y a parmi les chrétiens – et certains sont prêtres, et même cardinaux – ceux qui continuent de nous déclarer déicides, ceux qui à nouveau, d'une voix plus forte qu'il y a quelques années, flattent Caïn et ses envies de meurtre.

Je ne parle pas sans savoir.

Je me rends souvent à Bruxelles et à Paris. J'écoute, j'observe. J'entends, je lis. La liste des attaques contre les Juifs s'allonge.

Les gouvernements et les autorités religieuses les dénoncent. Mais les agressions continuent, plus nombreuses.

Et pourquoi faut-il que le pape ait promu cardinal un simple curé de campagne dans un village proche de Gand, dont chacun sait en Belgique, au sein de l'Église catholique, que cet abbé Gustav Joos, âgé de quatre-vingts ans, tient des propos antisémites ?

Une exception faite par le Pape en souvenir du temps où Gustav Joos était son compagnon d'études au collège belge de Rome ?

Je l'espère.

Mais il y a, tapi dans la mémoire de certains chrétiens, un antisémitisme qui ne disparaît pas, s'exprime, rencontre d'autres groupes qui le véhiculent aussi.

Ainsi on se rassemble. Il paraît normal que catholiques et musulmans s'inquiètent de la véritable guerre qui ensanglante Israël et les terres de Palestine. Des juifs pacifistes se joignent à eux. Que reprocher à des hommes de bonne volonté qui veulent la paix ?

Mais d'autres cachent leurs intentions et se servent de ce désir pour clamer leur haine d'Israël, qu'ils comparent à un État nazi, criminel.

On réédite dans les capitales arabes des pamphlets anti-sémites. Ainsi *Le Protocole des Sages de Sion*, un faux rédigé par la police tsariste et dénonçant un complot juif visant à dominer le monde. On reprend les accusations d'infanticide.

Ainsi se reconstitue l'alchimie, faite d'ingrédients divers, qui fait exploser l'antisémitisme. Et Caïn s'avance parmi nous.

On critique des intellectuels, des journalistes, des écrivains non pour ce qu'ils écrivent, mais parce qu'ils sont juifs.

Et cela se passe en France et dans d'autres pays d'Europe. L'on ne semble pas se souvenir que, dans l'entre-deux-guerres, au cœur du XXe siècle, la marche vers le massacre a commencé par des premiers pas identiques, en apparence anodins.

On a oublié l'engrenage qui s'est mis alors à tourner.

D'abord, on nomme, on désigne : celui-ci est juif.

C'est une étoile jaune, discrète encore, qu'on coud au revers de sa veste, qu'il soit juge, écrivain, journaliste, médecin ou autre. Puis on compte ceux qui la portent : ils sont nombreux, dit-on. Ils occupent toutes les places. Ils se soutiennent. Ils ne sont pas « objectifs ».

Un nouveau pas a été franchi vers l'exclusion. On n'en est pas là. Pas encore. Mais on sait, si cela se produit, ce qui viendra ensuite : le ghetto, puis la destruction du ghetto, puis le massacre.

Ne pensez pas : cela ne peut pas arriver.

Ne pensez pas : nous ne sommes pas en 1930.

Les Juifs et tous ceux qui refusaient l'antisémitisme n'imaginaient pas – comme nous aujourd'hui – que, dans l'Europe si civilisée du XXe siècle, on allait désigner, rassembler, transporter, parquer plusieurs millions d'entre eux, pour les exterminer dans des camps construits sur les terres de la vieille et catholique Pologne.

N'oubliez pas, n'oubliez jamais la Shoah, si vous trouvez que ceux qui dénoncent le retour de l'antisémitisme exagèrent, et que le temps des meurtres de Juifs est passé.

Souvenez-vous de la Shoah !

Elle est le début de toute réflexion sur ce qui peut se produire à nouveau.

Alors ne pensez pas quand on parle de la Shoah que cela suffit, qu'il faut refuser de se laisser enfermer dans ce passé cruel, rempli de désespoir et de souffrance. Et aussi d'humiliation. Car il y a ceux qui, malgré la révolte du ghetto de Varsovie, nous reprochent – je dis nous car j'appartiens à la génération de la Shoah – de ne pas nous être défendus.

Je leur pardonne cette injustice. Ils ne savent pas que survivre était déjà la plus extraordinaire résistance. Que ne pas se renier, continuer de croire, de prier, d'être fidèle à sa foi, était héroïque. Et qu'après, pour ceux qui avaient survécu, reprendre le chemin de la vie, trouver l'énergie de s'engager dans ces vies quotidiennes, alors qu'on avait connu l'enfer, était une manière de vaincre ceux qui avaient voulu nous faire disparaître.

On ne parle donc jamais assez de la Shoah. C'est un moment unique de l'histoire des hommes.

Il y a ceux pourtant qui comparent les chiffres des génocides passés et présents.

Combien de morts au Rwanda ? Combien en Chine pendant la révolution culturelle ? Et combien meurent de faim chaque jour ?

Regardez, disent-ils, ces nouveau-nés africains, ces mères aux yeux immenses dévorant leur visage émacié. Ne ressemblent-ils pas aux déportés. Ils sont enfermés dans le ghetto de la misère, dans ce camp d'extermination que sont la faim, le sous-développement, la maladie non soignée parce que les médicaments sont trop chers.

Ceux qui parlent ainsi ajoutent que dans les guerres de l'Antiquité le génocide de peuples entiers était la règle. On tuait les vaincus ou on les réduisait en esclavage.

Au fond, la Shoah ne serait que le plus spectaculaire des génocides. Et certains murmurent : « Notez comme on parle peu des Tziganes. Les Juifs, qui sont si présents dans les médias, qui sont un groupe de pression, ont bien "vendu" leur souffrance. Ils sont devenus des martyrs. Et en se présentant comme des victimes, ils s'autorisent tous les privilèges. Et d'abord celui d'opprimer le peuple palestinien et de lui voler ses terres. »

Il s'agit là d'un antisémitisme masqué. Et qu'il soit parfois inconscient ne m'empêche pas de le condamner.

Ceux qui tiennent ces propos n'ont pas compris la singularité de la Shoah.

Elle ne tient pas seulement au nombre de victimes. On peut refaire les additions : cinq, six, quatre ou trois millions ? Aux historiens d'en débattre. Et on peut en effet trouver des holocaustes aussi et peut-être plus considérables.

Mel Gibson, un acteur américain, qui vient de produire un film sur la passion du Christ, reprend tous les thèmes qui permettent de faire des Juifs un peuple déicide. Il déclare ainsi quand on l'interroge, qu'on lui demande s'il est l'un de ces « négationnistes » qui nient la Shoah : « J'ai des amis, des parents d'amis qui portent encore leur matricule de déportés tatoué sur le bras. Oui, il y a eu des atrocités. La Deuxième Guerre mondiale a provoqué la mort de dizaines de millions de personnes. Certaines étaient juives et ont péri dans les camps de concentration. Beaucoup perdirent ainsi la vie. En Ukraine, plusieurs millions moururent de faim en 1932 et 1933. Au cours du XX\ :sup siècle vingt millions de personnes moururent en URSS. »

Voilà comment on enfouit une nouvelle fois les morts de la Shoah dans une grande fosse anonyme, où la Shoah ellemême disparaît, pour ne plus être qu'un holocauste parmi d'autres.

On comprend que les organisations chrétiennes, les plus fondamentalistes soutiennent le film de Gibson et invitent leurs fidèles à le voir, et à le faire voir. « Dieu le veut », écrivent-elles.

On découvre ainsi le lien qui existe entre les accusations de déicide et la négation de la Shoah, le refus d'admettre que ce massacre-là ne ressemble à aucun autre.

Non pas parce que les moyens de tuer furent ceux des techniques du XX\ :sup siècle – le gaz, les fours crématoires – et qu'on y produisit des « cadavres » à la chaîne, comme dans n'importe quelle usine on fabrique des produits.

Auschwitz, Treblinka, Maïdanek, les autres camps d'extermination étaient en effet des usines de mort.

Mais la Shoah n'est pas singulière pour cela. À chaque époque on extermine avec les moyens techniques du temps. Le glaive, la lance, le feu, le gaz et la mitrailleuse.

Elle n'est pas unique non plus parce que les cadavres ont été transformés en matière première, comme s'il s'agissait vraiment de « choses » dont on pouvait récupérer les cheveux, la dentition en or ou la graisse des corps.

La Shoah est unique parce qu'on a voulu faire disparaître de la terre le peuple du Livre, le premier peuple de la Foi, le peuple d'Abel.

Et ce afin que puisse régner, partout, toujours, Caïn.

5
LA PHOTO D'AUSCHWITZ

Caïn, le tueur, il faut qu'on s'en souvienne, a failli l'emporter. Car on lui a laissé les mains libres, longtemps. Et quand l'un d'entre nous criait, avertissait, racontait, le monde se bouchait les oreilles et détournait la tête.

Et nous, enfermés dans le ghetto de Varsovie, et nous, entassés dans les wagons qui nous conduisaient à Auschwitz, et nous, au bord des fosses à Treblinka, nous maudissions les Alliés qui laissaient les bourreaux de Hitler nous assassiner par millions.

J'ai su cela, avant même que les armées nazies entrent dans Varsovie.

Je me souviens d'un frère de mon père qui avait réussi à fuir Berlin où il séjournait.

Il était assis à notre table, la tête entre ses mains. Il parlait sans nous regarder.

Il décrivait la chasse aux Juifs qui se livrait dans les rues de la capitale allemande, les vitrines des magasins appartenant à des Juifs brisées à coups de pavés, les fonctionnaires juifs, même décorés de la croix de fer qui étaient chassés de leur emploi, les arrestations, les meurtres. Les nazis donnaient aux plus riches l'autorisation de quitter le pays à condition qu'ils abandonnent tous leurs biens.

Où pouvaient-ils aller ? Qui voudra de nous ? répétait mon oncle. On racontait qu'un bateau sur lequel avaient embarqué des centaines de familles juives avait quitté Hambourg mais avait été refoulé de tous les ports où il avait voulu les débarquer. Il était revenu des États-Unis avec presque tous ses passagers.

Certains d'entre eux s'étaient suicidés lorsqu'ils avaient appris que l'Amérique refusait de les accueillir.

C'était la conjuration mondiale des lâchetés devant la persécution, la grande soumission de tous les gouvernants et de leur peuple à la loi de Caïn.

L'antisémitisme ne connaissait pas de frontières.

Les plus grandes personnalités anglaises, américaines, françaises, les écrivains et les ministres acceptaient qu'on nous parque, qu'on nous tue.

J'ai appris depuis que quand Ribbentrop, le ministre des Affaires étrangères de Hitler, s'est rendu à Paris à la fin de l'année 1938, les ministres juifs du gouvernement français n'ont pas été invités à l'ambassade d'Allemagne, et leurs collègues, de bons républicains, ont accepté de se rendre à la réception comme si de rien n'était !

Tous nous avaient abandonnés. Tous laissaient faire Caïn. Tous refusaient d'aider Abel.

Et l'on voudrait qu'aujourd'hui je ne m'inquiète pas ? Que je ne hurle pas ma colère ? Que je ne pense pas à mes enfants ? Que je ne comprenne pas la volonté d'Israël de ne faire confiance qu'à son peuple ?

Je veux rappeler sans fin ce que nous avons vécu, nous qui étions à Varsovie et dans les camps d'extermination, notre solitude aux mains nues, face aux tueurs.

Mais tous disent aujourd'hui qu'ils ne savaient pas. Mensonges.

Le gouvernement anglais savait. Le gouvernement américain savait. Le gouvernement russe savait. Et tous les autres aussi.

Un Juif a réussi en 1942 à fuir Auschwitz, à regagner le ghetto de Varsovie et, de là, à quitter la Pologne.

Il est arrivé après un long périple jusqu'à Londres. On imagine la détermination de cet homme, son courage, sa volonté d'alerter, de témoigner.

Il a dit ce qu'il avait vécu, ce qu'il avait vu. Qu'il restait encore dans le ghetto et dans les camps des centaines de milliers de Juifs en vie.

Pour combien de temps ? Quelques semaines ou quelques mois, mais peut-être seulement quelques jours ! Que les Alliés devaient intervenir. Ils ne pouvaient laisser exterminer le peuple de la mémoire, le peuple d'Abel.

Les représentants du gouvernement anglais l'ont écouté avec la politesse un peu ennuyée d'anciens élèves d'Oxford ou de Cambridge.

On allait étudier son témoignage. Mais, ont-ils ajouté, la stratégie des Alliés obéissait à des impératifs généraux. Et la question de la survie du peuple juif ne faisait pas partie de la réflexion des états-majors.

Le messager venu de l'enfer a compris qu'on ne tenterait rien pour sauver ses frères.

Il s'est suicidé. À Londres ! Son acte était un cri ultime, il a imaginé, peut-être, qu'il ferait changer d'avis les Alliés.

Ils n'ont pas modifié leurs plans. Ils nous ont laissés mourir serrés les uns contre les autres dans les chambres à gaz.

Et nous du *Sonderkommando*, nous avons tiré les corps enchevêtrés. Et certains d'entre nous parmi les cadavres ont reconnu leur père ou leur mère, leur sœur, leur femme ou leurs enfants. Leurs frères.

Quand je repense à ce que j'ai vécu, à ce que j'ai fait, à l'indifférence du monde entier devant le crime, je suis emporté par la rage et le désespoir.

Je me sens coupable d'avoir survécu aux miens.

Je serre les poings jusqu'à m'enfoncer les ongles dans les paumes.

J'ai envie de hurler.

Je regarde cette photo que les journaux publient ces jours-ci. Elle représente une vue du camp d'Auschwitz prise à haute altitude par les avions de la Royal Air Force.

La même se trouve déjà dans les bâtiments d'Auschwitz devenus un musée.

On distingue parfaitement sur la photo – et il existe toute une série de clichés – les rues du camp, rectilignes, les baraquements, les voies de chemin de fer.

On aperçoit de petits points alignés : les files de déportés sur l'une des places du camp. Une fumée couvre une partie de la photo. C'est celle du crématoire.

Il y avait en Angleterre des experts capables d'analyser ces clichés. De confronter ces documents avec les informations qui étaient parvenues au gouvernement.

On aurait pu décider de bombarder le crématoire du camp, les voies de communication, certains bâtiments, de briser cette fabrique de mort, d'interrompre pour quelques jours son fonctionnement ou de la détruire par de nouvelles attaques. De permettre ainsi à des déportés de s'enfuir, de désorganiser la machine à tuer.

On n'a rien fait.

Et nous sommes morts.

Aujourd'hui, officiellement, on honore notre mémoire. On construit des musées en souvenir de la Shoah. On élève des stèles. On vote des lois pour interdire les propos antisémites. Et les ministres, dans toutes les nations, et d'abord en France, viennent promettre devant les représentants des communautés juives qu'ils seront impitoyables contre les manifestations de l'antisémitisme.

Je voudrais croire qu'ils ont compris ce qui a eu lieu et ce qui recommence.

Ils paraissent sincères.

Mais la sincérité n'est rien sans courage.

Et ils n'osent pas regarder en face le visage de Caïn qui exprime sa haine.

Le jour même où, à Paris, le Premier ministre tenait de beaux discours contre l'antisémitisme, cherchant à rassurer les Juifs, dans une ville de province, une chanteuse, Shirel – de nationalité israélienne et américaine – qui participait, en présence de l'épouse du président de la République, à un concert de charité, s'est fait insulter sur scène.

On a crié « Mort aux Juifs ! Sale Juive, on vous tuera » une nouvelle fois. On a, en croisant les doigts, symbolisé une croix gammée. Et cependant qu'elle chantait, les insultes ont continué.

Le lendemain, les ministres l'ont reçue. Ils ont juré qu'ils allaient sévir.

Mais pourquoi ne disent-ils pas que cette poignée d'insulteurs, d'antisémites sont des Français d'origine arabe, des musulmans, qui veulent faire écho, ici, en Europe, à la guerre que d'autres livrent contre l'État d'Israël ? J'ai appris qu'on ne gagnait rien à cacher ce qui est. Il faut toujours dire le vrai.

Et la vérité, la voici : il y a désormais en Europe, le mariage de deux antisémitismes, l'un millénaire, celui qui fut diffusé par l'Église catholique et qui faisait de nous le peuple déicide.

L'autre, d'origine musulmane et qui se nourrit d'une haine séculaire contre les juifs et contre les chrétiens, et qu'exacerbe le conflit du Moyen-Orient.

Je ne crois pas que l'on soit prêt ici à affronter ce péril, parce qu'il semble d'abord ne concerner que les Juifs, et que les autres s'imaginent qu'ils peuvent vivre avec cette maladie de l'antisémitisme, qui ne les touchera pas.

Ils ne sont pas juifs, pensent-ils ! Et, dans le fond de leur mémoire, il y a le vieux Caïn antisémite qui se réjouit ou en tout cas qui prend plaisir à nous voir désigner comme des coupables.

On nous insulte, on nous frappe, on incendie nos écoles, on crie « Mort aux Juifs ».

Ce sont de jeunes musulmans qui sont le fer de lance de ce nouvel antisémitisme ? Sans doute. Mais il parle à la mémoire européenne.

Je n'ai pas été surpris quand j'ai lu qu'un sondage réalisé en Europe montrait que pour une large majorité d'européens – près de 70 % – l'État d'Israël était le plus menaçant des États de la planète, celui qui semait le trouble, créait des risques de guerre.

Et d'autres enquêtes ont confirmé ces résultats, montrant que l'antisémitisme, baptisé antisionisme, était toujours là, qu'il se nourrissait de l'actualité, et que la vieille souche perçait à nouveau le masque, et proliférait.

Mais je le crie : n'imaginez pas, gens paisibles d'Europe, qu'en fermant les yeux, en nous abandonnant, en nous gratifiant seulement de bonnes paroles de compassion, et en n'osant pas désigner les coupables, vous vous sauverez.

Les Caïns d'aujourd'hui, le nazisme de notre temps, il s'appelle intégrisme musulman. Et il est présent dans les villes européennes, comme il y avait, avant la Deuxième Guerre mondiale, des noyaux partageant les idées d'Hitler dans tous les pays.

Nous avons été les premières victimes et puis d'autres ont été persécutés à leur tour.

Je les revois, ces Polonais qui nous insultaient et nous frappaient en 1938.

Je les vois encore nous laisser enfermer par les nazis dans un ghetto surpeuplé, en 1940, et venir nous observer comme si nous étions des animaux dans un zoo, dont on suit l'agonie.

Pour une poignée de Polonais qui nous aidaient, combien pensaient que les Allemands nettoyaient le pays de ce peuple déicide ?

Ils voyaient passer les trains chargés de vies, et ils distinguaient entre les barreaux des lucarnes des visages et des mains. Ils entendaient même des cris.

Mais ils préféraient croire que ces trains conduisaient les Juifs à l'Est où les généreux nazis les installaient comme colons sur des terres conquises aux Russes.

Mais chacun savait ce qu'il en était de ces colonies qui s'appelaient Auschwitz, Treblinka, Maïdanek, Birkenau.

Et loin de Varsovie, l'écho de la tuerie parvenait aux gouvernements alliés.

Les ambassadeurs neutres expédiaient leurs rapports. Quelques évadés des camps leur confiaient leur témoignage.

Et dans chaque pays occupé par les nazis, les nonces apostoliques – ces ambassadeurs du pape – étaient parfaitement informés par les évêques, les prêtres, les croyants, qui constituaient dans toutes les provinces de Pologne, de Hongrie, d'Allemagne, de France, d'Italie, un extraordinaire réseau auquel on se confiait, dont on demandait la protection.

Et durant toute la guerre, ces nonces apostoliques sont restés en place, transmettant ce qu'ils apprenaient au Vatican, au pape.

Et le silence du souverain pontife a été pour nous comme une pierre tombale. Je ne veux pas évaluer les raisons, je ne veux pas distinguer dans l'une ou l'autre de ses homélies une allusion à notre martyre.

Mais j'imagine parfois que le pape sort du Vatican, portant sur sa soutane blanche l'étoile jaune de David. Il ouvre les bras comme un christ crucifié. Il s'adresse au monde entier. Il brise le silence par un cri de douleur et de protestation.

Je me souviens que c'est à l'emplacement de cette basilique vaticane qu'au temps de Néron, Pierre, l'apôtre, a été crucifié la tête en bas.

J'imagine que le pape prend le risque du martyr pour combattre Caïn. Et qu'il est en effet, alors, dans l'héroïsme de la souffrance et du sacrifice, vraiment le successeur de Pierre.

Mais le pape s'est tu.

Comme tous les autres.

Et ils avaient, disent-ils, de bonnes et de nobles raisons.

J'entends chaque jour des nouvelles.

Elles sont maquillées sous des apparences savantes et documentées.

Ceux qui les énoncent sont sociologues, historiens, philosophes. Ils disent par exemple : les Juifs étaient souvent communistes. Ils étaient donc perçus par les Allemands, les Polonais, comme des hommes dangereux, disciples de Lénine et de Staline. Ils étaient des bourreaux rouges contre lesquels il a fallu se défendre.

Ils menaçaient les libertés polonaises, allemandes. En somme ce sont les Juifs qui ont déclaré la guerre.

Et ainsi, des décennies plus tard, on retrouve les thèmes antisémites de la responsabilité juive dans les malheurs du monde.

Ainsi, aujourd'hui, on déclare l'État d'Israël responsable de la guerre qu'on lui livre.

Mais derrière toutes ces arguties qui se présentent comme neuves, il n'y a que la répétition d'un vieux thème : « Les Juifs sont coupables des malheurs qui les frappent. »

Ce n'est pas Caïn qu'on condamne d'abord. On accuse sa victime de l'inciter au meurtre.

C'est Abel qui est coupable. Puisqu'on ne cesse, depuis l'origine de l'Histoire, de vouloir le tuer.

6
CAÏN LE MEURTRIER

Donc avec un peu de honte, en détournant le regard, mais en jetant de temps à autre un coup d'œil, et en prenant alors une mine inquiète, scandalisée, tout en éprouvant aussi, au fond de soi une jouissance trouble, on a laissé Caïn nous persécuter et nous tuer.

On nous a abandonnés en se frottant les mains.

« Hitler nous débarrasse des Juifs, a-t-on pensé. Voilà des siècles que nous tentons de le faire sans succès. Mais ce Caïn-là et ses troupes à croix gammée semblent efficaces. Laissons-le faire et d'autant plus que, pendant qu'il tue les Juifs, il ne nous frappe pas. »

Ainsi en avril 1943, les habitants de Varsovie ont assisté à l'écrasement du ghetto, à l'agonie de ses derniers combattants – j'étais l'un de ceux, une poignée, qui ont réussi à fuir.

Mais la lâcheté n'est pas payante.

Caïn n'a pas de reconnaissance. Et en juillet-août 1944, Varsovie la chrétienne, celle qui avait accepté qu'on tuât les Juifs, fut à son tour rasée quand elle s'est insurgée contre les nazis, comme l'avait été le ghetto.

Et sur l'autre rive de la Vistule, les troupes russes de Staline, l'arme au pied, regardaient mourir les Polonais, comme eux-mêmes avaient assisté au spectacle de notre écrasement.

Et je le sais, je le crie de toute mon expérience de témoin, ceux qui, aujourd'hui, acceptent que nous soyons, nous les Juifs menacés par les musulmans fanatiques, ici sur la terre de l'Europe ou bien en Palestine, connaîtront un sort identique à celui des Polonais qui avaient accepté qu'on nous assassine, sous leurs yeux. Et si peu avaient réagi ! Si peu nous avaient aidés !

Car Caïn n'a pas changé même s'il porte le masque vert de l'islam intégriste au lieu de l'uniforme noir des SS.

Caïn tue non seulement les Juifs, mais ceux qui ne le combattent pas et acceptent d'être ses complices.

Le meurtrier, Caïn, ne connaît qu'une seule loi, ne cède qu'à une seule pulsion : tuer, faire couler le sang.

Et il est même prêt, tant la pulsion de mort est forte en lui, à faire de son corps une bombe, dont il sera ainsi la première victime.

On meurt de cette folie à Jérusalem, à Tel-Aviv.

Mais pas seulement sur le territoire d'Israël.

Je travaillais enfermé dans mon bureau quand ma femme, ce 11 septembre 2001 s'est précipitée, haletant, me répétant que quelque chose de terrible était en train de se passer à New York.

« Un avion, criait-elle, la tour… »

J'ai voulu finir la phrase que j'écrivais.

J'étais depuis plusieurs heures, ce 11 septembre, fasciné par des plans qui s'étalaient devant moi. C'était ceux d'étonnants immeubles du bas de Saint-Gilles, quartier pittoresque et populaire de Bruxelles, le long de cette chaussée de Waterloo.

J'ai acheté là, rue Vanderschrick, plusieurs maisons classées, abandonnées, et j'ai entrepris de les réhabiliter, de conserver ce patrimoine, ces œuvres de l'architecte Ernest

Blérot, ces sgraffites à thèmes floraux, surplombant les portes et les fenêtres des façades, ces bow-windows et leurs extraordinaires ferronneries, ce travail de la pierre de taille, constituant un ensemble Art nouveau unique et digne du patrimoine mondial qui en font de véritables œuvres d'art.

J'ai vu dans ma vie trop de villes détruites, j'ai marché dans trop de décombres à Varsovie ou à Berlin, pour accepter de voir mourir des demeures qui expriment l'aspiration au beau de l'homme.

Chaque création humaine est une barrière contre le mal.

Abel est l'esprit, Caïn est la destruction.

Abel est l'art, Caïn est la fureur démente.

Abel est la vie, Caïn est la mort.

Je me suis difficilement arraché à la contemplation de ces plans et je rédigeais mes commentaires à l'attention de mon ami l'architecte Georges Hirsch dont les qualités justifiaient que je lui confie le délicat travail de restauration et d'embellissement de ce patrimoine bruxellois exceptionnel.

Complètement absorbé, j'ai écouté d'une oreille distraite ce que me disait Béatrice. Une image à la télévision, cela repasse, pourquoi se précipiter, interrompre la réflexion pour la voir ?

Tout à coup, il y a eu les cris de mes deux fils Tom et Gregory. Alors, je me suis levé, et sans hâte, je les ai rejoints. Ils étaient serrés contre leur mère, comme hypnotisés. Et j'ai vu l'impensable, les avions crevant les Twin Towers, les corps dégringolant dans le vide, l'effondrement et ce nuage d'apocalypse, comme une immense vague roulant dans les rues, dévorant les gens qui fuyaient, les couvrant de poussière.

Et j'ai pensé au sable des fosses de Treblinka.

Caïn le tueur poursuivait sa tâche.

71

Car l'impensable était cependant prévisible.

L'acte était signé, revendiqué.

Les musulmans fanatiques, les terroristes de cette organisation Al Qaïda, et son chef Ben Laden, proclamaient qu'en frappant New York, les Twin Towers, Bali, Casablanca et Madrid, c'est nous qu'ils visaient.

Nous, les Juifs. Nous Israël. Nous qui sommes à leurs yeux le symbole d'une civilisation qu'ils haïssent, parce qu'ils ne sont pas parvenus à l'assimiler, à l'imiter, à la vaincre.

Et que depuis des siècles ils sont restés sur le seuil du progrès.

Ils disent pour fuir leurs responsabilités, leur impuissance, que la colonisation a maintenu leur pays dans le sous-développement.

Que l'Occident, comme ils disent – et pour eux ce n'est qu'un mot pour remplacer celui de Juif – les a pillés, humiliés, opprimés.

Et ils résument leur histoire de cette manière.

Pour eux, la naissance d'Israël, son essor, symbolisent leur retard, rappelle leur impuissance.

Alors ils crient « Mort aux Juifs », « Mort à Israël » et « Guerre à l'Occident ».

Mais l'Occident est-il responsable par exemple de ce que chaque année, lors du pèlerinage de La Mecque, on compte des centaines de morts, étouffés, piétinés au cours de bousculades ? Pourquoi ne sont-ils pas capables de maintenir l'ordre dans ce rassemblement rituel, immense et légitime ?

En fait, l'Islam – je ne juge pas de la religion mais des pays où elle règne – est resté figé dans un temps immobile.

On lapide les femmes adultères en pays d'Islam.

On y mutile les voleurs.

On ne tolère pas la pensée indépendante.

L'écrivain qui critique le Coran est condamné à mort. On lance contre lui une fatwa.

Aucun de ces pays ne possède de constitution démocratique. Les opposants y sont emprisonnés, tués, les femmes opprimées.

La corruption règne. La misère écrase les humbles. Et pendant ce temps, sur les écrans de télévision, on voit l'Occident rutilant, objet de convoitise, lieu de tous les plaisirs inaccessibles.

Alors comme Caïn n'est pas capable de construire cela, on se replie sur le fanatisme. On s'entre-tue d'abord. Combien de centaines de milliers de morts en Algérie ? Enfants égorgés, femmes éventrées, et moines catholiques décapités par les islamistes.

On crie « Mort aux Juifs ».

Et l'on choisit le suicide meurtrier pour fuir cette réalité insupportable : le retard de l'Islam, son impuissance, sa barbarie. Et l'on devient fanatique pour rester aveugle.

On veut tuer tous les Abels de la terre.

On veut détruire cet Occident orgueilleux qu'on imagine aux mains des Juifs.

On veut détruire Israël, ce morceau d'Occident en terre arabe.

On veut tuer, tuer.

Et le terrorisme musulman se répand comme la peste.

Oui, j'ose le mot, ce fanatisme est une maladie contagieuse qui frappe tous les continents.

Des hommes se font exploser en Indonésie, en Afrique, au Pakistan, en Russie, pour tuer, terroriser.

Ils déposent des bombes partout où ils le peuvent. En Tunisie, au Maroc, à Bagdad, à Madrid. Et notre civilisation complexe et démocratique est vulnérable.

Alors le sang macule les chaussées de nos villes.

Je me souviens de cet attentat commis à Paris, dans le quartier où j'allais souvent, non loin de Saint-Germain-des-Prés.

J'ai entendu l'explosion. J'ai couru. J'ai vu les corps ensanglantés au milieu des décombres.

La guerre était là. Parmi nous. Elle me poursuivait.

Caïn n'avait pas renoncé à me tuer.

7
L'AMÉRIQUE : ABEL OU CAÏN ?

Ce n'est pas pour moi que je crains la folie meurtrière de Caïn, mais pour les enfants, et les enfants de mes enfants, ceux dont la vie peut être brisée par des insultes, des coups de poing ou de poignard.

Je ne parle pas au hasard. Il suffit que j'ouvre les journaux, que je regarde la télévision, pour que j'apprenne que dans un lycée parisien, un enfant juif de onze ans a été frappé ; que dans la banlieue parisienne, un jeune Juif portant sa kippa a été poignardé. Le Premier ministre français s'est rendu à son chevet. C'est bien. Et le jeune blessé aurait déclaré qu'il voulait quitter la France pour s'installer aux États-Unis. L'Amérique est-elle le refuge où l'on pourra se protéger de Caïn ? Est-ce le pays d'Abel ?

J'ai pensé cela quand j'ai quitté l'Armée rouge. Et j'ai senti en débarquant à New York, en foulant le sol des États-Unis, que je marchais pour la première fois depuis ma naissance sur une terre où le Juif que j'étais pouvait être lui-même sans risquer d'être humilié.

Oh, j'ai vite découvert que le racisme existait, que la vie était rude pour les nouveaux immigrants, pour les Noirs. Et il m'est arrivé de lire dans les yeux de ceux qui m'interpellaient le mépris d'un antisémite.

Les hommes sont les hommes. Ils portent Caïn en eux.

Mais les États-Unis, comme nation, affirmaient le respect de la race ou de la religion. Et celui des immigrants qui déployait son énergie, son courage à la tâche, pouvait faire fortune.

Rien n'était donné. Mais la société n'était pas un bloc de ciment contre lequel tel ou tel, selon la couleur de sa peau, ou ses origines, se briserait la tête.

Et les groupes racistes – je pense au Ku Klux Klan – ont peu à peu disparu. Et l'égalité des droits, les droits civiques, se sont imposés à tous.

J'ai aimé, j'aime cette Amérique de la liberté.

Je suis devenu citoyen américain. J'ai travaillé. J'ai pu librement, sans rien renier de ce que j'étais, sans avoir besoin d'être membre d'un parti politique ou d'une secte, développer mes activités.

Je suis reconnaissant aux États-Unis de m'avoir laissé ainsi libre d'être ce que je suis.

Quand j'ai décidé de m'installer en France, il ne m'est même pas venu à l'esprit de renoncer à ma nationalité américaine. Et mes enfants sont citoyens américains.

J'ai vécu heureux en France, en Europe. Mais parfois il me semble que l'air qu'on y respire est étouffant. Les préjugés sont là. Le racisme guette encore. Et l'antisémitisme montre son museau de haine et de violence.

Et je suis heureux qu'existent, dans notre monde, les États-Unis où, quand les soldats américains torturent des prisonniers, la presse les stigmatise.

Et il m'arrive de penser, comme le jeune Juif poignardé, que les États-Unis sont le pays d'Abel, là où mes enfants vivront en sécurité.

Mais ce n'est qu'un premier mouvement.

Je vis en France, en Europe depuis plusieurs décennies. Ici sont morts quatre de mes enfants. Ici sont nés les cinq autres. Cette terre française, européenne, est la nôtre, tout autant que la terre des États-Unis.

C'est ici que je dois combattre l'antisémitisme.

Et il m'arrive ces dernières années de penser que les États-Unis risquent de changer de visage.

J'ai appris au cours de ma vie que ceux qui ne respectent pas le droit s'engagent sur une route dont on ne connaît pas le terme. Or il y a des règles, des lois dans la société internationale. On ne peut, parce qu'on est la plus grande puissance du monde, imposer sa politique. Et je n'aime pas l'idée de guerre préventive. Je n'aime pas que dans les prisons d'Irak et dans le camp de Guantánamo on refuse d'appliquer la convention de Genève.

Le droit est le droit. Et les États-Unis, qui ont été la première nation du monde à se doter d'une constitution, doivent respecter la constitution, doivent respecter la constitution que le monde s'est donnée avec l'ONU.

Je garderai donc un pied dans chaque continent, l'américain et l'européen. Je crois qu'il ne saurait y avoir de paix si ces deux régions développées du monde ne restaient pas scrupuleusement démocratiques.

Elles le sont. Mais qu'en sera-t-il demain si l'un des continents voit se développer l'antisémitisme et si l'autre ne respecte pas les lois internationales ?

Je me sens responsable de ce qui se passe ici et là-bas, moi, américain et européen, moi que l'Europe a martyrisé et auquel l'Amérique a donné les moyens de la liberté.

Et je crois surtout que, malgré ces menaces qui pèsent sur nous ici et là-bas, le péril principal vient d'ailleurs.

Il est dans le fanatisme qui fait que des hommes instruits dans notre civilisation se jettent avec des avions détournés sur les tours de New York et provoquent un carnage. Il est dans le fanatisme qui développe une culture de mort et transforme des adolescents en kamikazes.

Qui font ainsi de leur vie un instrument de mort.

Voilà le vrai péril.

Et il faut que les États-Unis et l'Europe s'unissent contre lui.

8
LE COMBAT NE CESSE JAMAIS

On va dire que je méprise l'Islam, cette civilisation millénaire, elle aussi. Que je calomnie une religion du Livre, la dernière à être apparue, alors qu'elle prend en compte les religions chrétienne et juive, les intégrant en son sein.

On va dire que je ne suis qu'un raciste.

Et ici, en Europe, en France particulièrement, on va peut-être même me qualifier de « nazi ».

Certains humoristes quand ils entrent en scène, ne crient-ils pas « Heil Israël » en faisant le salut hitlérien ?

Qu'on m'attaque et je me défendrai !

Je dirai qu'aucun pays arabe, et surtout pas les mouvements islamiques, n'a vraiment, du fond de son âme, accepté la présence d'Israël.

Même ceux qui l'ont reconnu laissent dans leurs journaux, dans les livres scolaires, dans les programmes de télévision, l'antisémitisme répandre ses poisons, sa haine.

Pas un dirigeant arabe qui ne nourrisse par son attitude le Caïn qui gronde en chaque homme.

C'est si commode, alors que s'aggravent dans les pays musulmans les injustices, la corruption, la misère, le manque de logement et de travail, de désigner le coupable : le Juif, visage de l'Occident !

C'est une façon de détourner la colère des humbles qui sinon s'interrogeraient sur les richesses, les mœurs de ceux qui les dirigent.

C'est un vieux procédé – les tsars l'ont appliqué – que de faire du Juif le bouc émissaire. Et d'espérer ainsi pouvoir continuer de gouverner son peuple dans l'injustice.

Mais voilà, Caïn lève aussi son couteau contre ceux – ses dirigeants – qui ont voulu l'utiliser.

Caïn veut tuer le Juif mais aussi ceux des musulmans qui le condamnent et « s'occidentalisent ».

Et ainsi l'antisémitisme, d'abord « instrumentalisé » par les princes corrompus, se retourne contre eux, sans cesser de s'amplifier. Et les pays arabes, et la civilisation musulmane sont dans une impasse.

Et certains musulmans ont conscience de cette situation sans issue qui conduit les plus fanatiques à choisir le suicide, à tuer en se tuant.

J'ai dialogué avec des jeunes gens musulmans qui avaient lu *Au nom de tous les miens* et découvert ce que l'on avait infligé à mon peuple. Et qui en étaient révoltés.

Au bout de quelques minutes cependant ils disaient : « On nous accuse, nous les Arabes, d'être antisémites, mais ce sont les Européens, des catholiques, des protestants, des athées, allemands, polonais, ukrainiens, français qui ont été les partisans de la solution finale et l'ont mise en œuvre. Pas nous, qui avons vécu pendant des siècles en bonne intelligence avec les Juifs. »

J'ai accepté leurs arguments mais quand je leur ai demandé s'ils reconnaissaient aux Juifs le droit d'avoir leur État, en Palestine, ils sont devenus silencieux.

Ils ont acquiescé du bout des lèvres, mais aussitôt, ils ont évoqué les terres volées, les colonies israéliennes, les exilés palestiniens qui devaient pouvoir rentrer chez eux.

Ils ont martelé que Jérusalem devait être la capitale de la Palestine.

Au bout du compte, que restait-il d'Israël ? Des Juifs tolérés dans une nation palestinienne. Des Juifs dont peu à peu l'État perdrait toute possibilité de se défendre.

Nous nous sommes pourtant séparés avec des mots d'espoir.

Mais je ne vois ni le chemin de la paix ni le bout de la route, tant les pensées des uns et des autres sont éloignées. Et même ceux qui ne s'abandonnent pas au fanatisme sont sourds aux arguments de l'Autre.

Et parce que les affrontements ne peuvent donc que continuer, je sais que les « extrémistes » vont se renforcer et que Caïn va imposer sa loi.

Est-ce le choc des civilisations que l'on craint et dont certains disent qu'il se manifeste déjà ?

Et parfois je partage ce sentiment.

N'est-ce pas le heurt entre les judéo-chrétiens et les musulmans, dont je viens de repérer les traces ?

J'hésite et puis je me souviens.

De ce prêtre polonais qui invitait ses paroissiens à livrer les Juifs aux Allemands : « cinq kilos de sucre, mes frères ! »

Je me souviens de ces Alliés, anglais et américains, qui n'ont rien tenté pour empêcher l'holocauste.

Je me souviens des silences du pape, des présidents et des ministres chrétiens.

Et il y eut même des Juifs qui refusaient de savoir qu'une tragédie se déroulait au cœur de l'Europe, et que le peuple juif en son entier, avec sa mémoire et sa langue, risquait d'être enfoui. Solution finale, avait dit Hitler.

Ces Juifs lointains voulaient se préserver pendant que des millions de leurs frères succombaient.

Il n'y avait donc pas d'abord de choc de civilisations.

Le christianisme est issu du judaïsme.

L'officier juif allemand, héros de la Première Guerre mondiale, décoré de la croix de fer, appartenait à la même civilisation germanique que le Junker prussien. Et Pierre, dont le pape était le successeur muet, était juif.

Je me refuse donc à penser qu'il y a conflit frontal entre des civilisations dressées l'une contre l'autre.

La lutte contre Caïn se déroule à l'intérieur de chaque civilisation.

Et ceux qui refusent la loi de la mort sont solidaires, quelles que soient leurs origines, leur foi : juive, chrétienne ou musulmane.

Je lis aujourd'hui que l'on a découvert chez un jeune néonazi français le texte suivant :

« Je suis prêt à pratiquer des actes de terrorisme.

« Je suis pour une destruction massive des Juifs.

« Si j'en veux aux Juifs, c'est qu'ils ont conçu le christianisme qui dévalorise l'homme. »

Ce même néonazi avait, avec quelques-uns de ses camarades, exhumé un cadavre d'un cimetière. Ils avaient frappé le visage de ce mort à coups de marteau et avaient planté une croix à l'envers dans son thorax.

Folie. Culture de mort. Haine de la vie.

Haine des religions juive et chrétienne. Haine des « Arabes ».

Qui peut dire qu'il s'agit là d'un conflit de civilisations ?

Tout est d'abord affaire d'hommes.

Des prêtres polonais m'ont caché, sauvé. D'autres étaient prêts à me livrer.

J'ai connu des Allemands qui avaient passé une dizaine d'années dans le camp de concentration de Buchenwald, où on les avait enfermés au moment où des ministres anglais et français serraient la main d'Hitler à Munich en 1938.

La bataille se livre en nous. Entre Caïn et Abel. Entre le Bien et le Mal. Entre la mort et la vie.

Et ce combat ne cesse jamais.

Et cependant je ne suis pas un homme de guerre. J'ai côtoyé et vu de trop nombreuses vies interrompues, trop d'enfants massacrés, pour ne pas vouloir d'abord l'entente, la paix entre les hommes.

Il suffit que je regarde mes enfants pour que je ne pense qu'à les préserver de la violence.

Je suis ému aux larmes quand je vois Béatrice, leur mère, se pencher vers eux, rire avec eux, les embrasser, leur chuchoter tous ces secrets qu'une mère aimante partage avec ses enfants. Ils l'écoutent, se pendent à son cou et parfois je m'insurge, car je crains que l'amour infini qu'elle leur donne ne les prépare pas à affronter les difficultés.

Je dis à Béatrice qu'elle ne doit pas les étouffer sous son affection.

Elle rit. Je la regarde et l'émotion me submerge. Je pense à ma mère.

Elle a ces gestes doux, qui m'ont séduit dès le premier jour. Elle murmure : « On ne donne jamais assez d'amour aux enfants. »

Je me rebelle. Je dis qu'il faut aussi leur apprendre à résister, à se battre.

Ce sont les doux, les pacifiques, qui sont les plus forts, murmure-t-elle encore.

Et elle ajoute : « L'amour est l'arme la plus puissante. À la fin c'est l'amour qui gagne. »

Elle me prend par le bras et, côte à côte, nous entourons nos enfants.

Il faudrait qu'il en soit ainsi, entre les hommes.

Entre musulmans et juifs, puisque nous sommes sur la même terre. Pourquoi ne pas la labourer ensemble ?

Il faudrait d'abord que nous nous connaissions mieux.

Qui de nous a lu le Coran ? Lequel d'entre eux a lu l'Ancien Testament ?

J'ai lu La sourate 27, du Coran qui dit :

> *Qui viendra avec l'excellence*
> *aura pour lui meilleur qu'elle :*
> *loin de l'effroi de ce jour,*
> *ils seront dans l'Amen.*
>
> *Qui arrive avec le mal*
> *Sera, de face, précipité dans le feu.*
> *Vous ne serez salariés*
> *que pour ce que vous avez fait* [1].

Ce texte me convient.

Il faut que nous fassions tomber en poussière nos préjugés et nos haines. Il faut que nous ne jugions l'Autre que pour ce qu'il est et pour ses actions.

---

1. Le Coran, traduit et présenté par André Chouraqui, éditions Robert Laffont.

Vous ne serez salariés
que pour ce que vous avez fait.

Voilà la sagesse. Et le chemin de la paix. Entre juifs et musulmans. Entre hommes. Nous sommes solidaires. Les « barbares » détruisent nos tombes, qu'elles soient chrétiennes, musulmanes, juives. Car la haine est sans limites. Elle frappe tout ce qui est humain.

Caïn nous dévore. Il nous incite à devenir meurtrier, comme si nous voulions l'apaiser en tuant notre frère.

C'est Caïn qu'il faut combattre et terrasser.

DEUXIÈME PARTIE
FRATERNITÉ

9
EST-CE QUE TOUT RECOMMENCE ?

Comment vaincre Caïn ?

Comment museler et retenir ce chien enragé, ce monstre de haine qu'à chaque instant nous entendons gronder, qui tire sur la laisse pour nous entraîner, qui voudrait sauter à la gorge de l'Autre, le déchirer, le tuer ?

Et cela je le sens en moi.

Parfois, je l'avoue, quand je portais l'uniforme de l'Armée rouge, que j'appartenais au camp des vainqueurs, que j'entrais dans ces villes où se terraient les derniers bourreaux, ceux que j'avais vus agir à Varsovie, à Treblinka, il m'est arrivé de laisser Caïn se jeter sur ces vaincus.

Et je me souviens de ne pas avoir réussi à empêcher mes camarades de mettre le feu à un autobus dans lequel se trouvaient une trentaine d'ennemis.

Je sais donc que chacun peut succomber.

Je ne me fais aucune illusion sur notre nature d'homme. Et pourtant, je crois que l'avenir est à la fraternité.

Ce n'est pas seulement un souhait, la volonté de me leurrer, c'est la seule voie qui reste à l'humanité pour ne pas disparaître.

Car ce dont un homme ou une femme, parfois parent de jeunes enfants, est capable de faire se précipiter porteur d'explosifs dans un avion, dans un restaurant israélien, dans un cinéma, dans un train, aveuglé par son désir de vengeance, choisissant sa mort pour que l'Autre meure, des milliers d'hommes –, des peuples entiers peuvent se laisser entraîner à l'imiter.

Des États, nous l'avons vu durant le XXe siècle, peuvent se soumettre à la loi de Caïn ; celle de la guerre, de la destruction, de la mort.

Et ils n'agiront pas avec de simples armes de poing ou quelques centaines de grammes d'explosif.

Certains États non démocratiques ont désormais l'arme atomique. Nombre d'entre eux disposent d'armes biologiques.

Il suffira donc d'un geste pour que des régions entières de notre terre deviennent un enfer. Que le feu se propage, que les épidémies se répandent.

Même si aucune d'entre elles n'a été trouvée en Irak, les armes de destruction massive existent.

J'ai vu, assis paisiblement sur un canapé, souriant, devant les caméras du monde entier, le « père » de la bombe atomique pakistanaise dire sa fierté d'avoir vendu ses secrets à quelques autres États.

J'ai lu ce qu'on enseigne aux jeunes enfants, au Pakistan. Nous, les Juifs, nous sommes coupables. Nous, l'Occident, nous sommes les diables corrupteurs. Nous, États judéo-chrétiens, devons disparaître en même temps que l'État d'Israël.

Voilà ce que l'on dit dans les écoles de l'un de ces pays qui possèdent des armes de destruction massive.

Comment l'empêcher de les utiliser ?

Faut-il lui faire une guerre préventive ? L'envahir comme cela s'est fait en Afghanistan, en Irak ?

Peut-on combattre le risque d'incendie en allumant des contre-feux ? En devançant ceux qui demain peuvent brandir des torches ?

Ici, en Europe, en France en particulier, j'ai entendu des réponses négatives.

Mais les Américains, frappés au cœur de Manhattan, ont préféré agir.

Et chaque jour de jeunes soldats tombent sur le sol de l'Irak, facilement conquis, mais où le chaos règne malgré l'arrestation de Saddam Hussein.

Et chaque jour des dizaines d'Irakiens meurent aussi. Et la vie quotidienne est, pour le peuple irakien, aussi difficile qu'au temps de Saddam Hussein.

L'incendie qu'on a voulu prévenir en envahissant l'Irak menace ailleurs.

Le terrorisme se répand.

Caïn est partout.

Je ne peux donc choisir d'emblée l'une ou l'autre de ces réponses. Il n'est pas facile de contenir Caïn.

Le monstre est habile et retors. On croit le combattre chez l'Autre, et il s'empare de vous.

Vous vouliez saisir le poignet du tueur pour l'empêcher de frapper, et c'est vous qui brandissez un poignard et frappez.

Je me souviens d'une scène insoutenable, dont la télévision nous a fait les témoins.

Des soldats israéliens prisonniers des Palestiniens avaient été enfermés dans un poste de police. Une foule hurlante s'était assemblée devant ce petit bâtiment.

Et de la foule se sont détachés quelques jeunes hommes qui ont enfoncé les portes du poste et se sont engouffrés dans le couloir, les escaliers.

On entendait parmi les hurlements de la foule leurs cris qui venaient de l'intérieur du bâtiment.

Puis tout à coup, un homme jeune est apparu à l'une des fenêtres mains levées et ouvertes.

Elles étaient couvertes d'un sang rouge vif.

Quelques instants plus tard les corps mutilés des soldats ont été jetés dans la foule qui les a piétinés.

Puis la meute de Caïns s'est dispersée emportant des lambeaux d'uniformes israéliens.

On peut, dans une ville encore paisible d'Europe, condamner la réaction israélienne à cet acte barbare, dénoncer ce que la presse appelle les « assassinats ciblés » des chefs des mouvements terroristes par les Israéliens.

On peut dénoncer la construction du mur élevé autour d'Israël pour tenter de le protéger du terrorisme.

On peut dire tout cela. Et rappeler la création des colonies sur des terres palestiniennes ou les rêves du « Grand Israël » ou bien montrer l'entrée des soldats israéliens, dans les villes palestiniennes, et condamner ces actions qui entraînent des destructions et la mort d'enfants.

On peut…

Il le faut même.

Et je respecte la décision de ces soldats israéliens qui refusent de participer à de telles opérations.

Ceux-là ne veulent pas céder à la loi de Caïn. Ils veulent contenir la violence dans des limites strictes.

Je pense à la détermination de ces soldats, à leurs exigences morales. Et je regarde mes enfants. Et je pense à ces soldats israéliens lynchés.

J'ai eu neuf filles et garçons.

Il suffit que j'écrive ces mots pour que la douleur me force à baisser la tête, comme si un poids écrasait ma nuque.

Je revois en un instant les visages de mes autres enfants. J'ai l'impression qu'ils sont à quelques pas devant moi, que je vais me lever, leur parler, les entraîner dans le grand parc qui s'étendait devant notre maison des Barons, au-dessus de la mer, dans le massif du Tanneron, à quelques kilomètres de Cannes.

C'était un lieu de lumière et de brise.

Un jour d'octobre 1970, le 3, dans la sécheresse de la fin de l'été, les tourbillons de flammes ont dévoré la forêt de mimosas du Tanneron, ont entouré notre mas des Barons.

Dina mon épouse a voulu s'enfuir avec les quatre enfants. Les flammes les ont rejoints, enveloppés.

Je ne reverrai jamais, sinon dans ma mémoire, Nicole, Suzanne, Charles, Richard.

Et c'est comme si Caïn s'était échappé du camp d'extermination de Treblinka, pour accomplir son œuvre des années plus tard, me terrasser, me tuer.

J'ai survécu en écrivant *Au nom de tous les miens*, pour que, par la plaie ouverte par cet incendie, puisse enfin s'exprimer ce que j'avais vécu.

Dire, témoigner a été ma façon de continuer de vivre.

Et pas à pas, livre après livre, j'ai parcouru les années, recevant par milliers des témoignages de ceux qui marchaient avec moi, que mes livres aidaient à survivre, et d'eux à moi s'est ainsi forgée une chaîne de fraternité

Et j'ai trouvé une forme de paix.

D'autres enfants sont venus, cinq, qui sont rassemblés autour de moi.

Je les regarde intensément : Barbara, Larissa, Jonathan, qui sont déjà de jeunes adultes. Et près d'eux, Gregory et Tom, encore enfants.

À les voir, si riches de leur avenir, pleins de vitalité et de joie, j'ai l'impression que ma poitrine s'emplit d'un air vif. J'oublie que je suis mortel. Et l'ombre de ce que j'ai vécu, qui stagne toujours en moi, se réduit, comme absorbée par la plénitude de cet instant.

Mais Jonathan me parle de cette inscription antisémite, qu'il a lue dans une rue de Cannes. Et Larissa des cris de haine qu'elle a entendus.

L'ombre se répand en moi.

Est-ce que tout recommence ? La question à nouveau m'étreint. Je ne veux pas que mes enfants risquent de mourir déchiquetés parce qu'un kamikaze, soumis à la loi de Caïn, se suicidera en tuant.

Je ne veux pas que l'un de mes enfants disparaisse dans l'explosion de l'avion dans lequel il voyage. Je ne veux pas – et des centaines de millions de parents avec moi – vivre dans l'anxiété, dans la crainte d'une attaque biologique.

Je ne veux pas que Caïn l'emporte.

Mais il est là ce monstre, gueule ouverte.

Il est sorti de la caverne où, durant des années, il s'est tapi, on l'a caché. Maintenant, il rugit. Il tue.

Voici ce que je lis dans les écrits d'un néo-nazi : « Est-ce que les Juifs sont recyclables ? En abat-jour ? En savonnette ? En engrais ? »

Certains vont hausser les épaules en découvrant ces textes. Certains diront même qu'il s'agit d'humour, tant les propos paraissent déments.

Mais moi je sais que les gardiens des camps d'extermination choisissaient parmi les déportés ceux dont la peau était couverte de tatouages. On les tuait « délicatement » afin de ne pas endommager le dessin qui allait devenir, en effet, l'abat-jour d'un bourreau dans sa chambre douillette.

Mais moi je sais que la graisse des corps était utilisée pour fabriquer des savons.

Mais moi je sais que les cendres des crématoires étaient répandues dans les champs comme engrais.

Alors permettez-moi de ne pas sourire, quand je lis que ce néonazi a écrit « qu'Auschwitz était un merveilleux camping ».

Et lorsqu'il ajoute, en ricanant, j'imagine :

« Je suis juif, je me soigne au Ziklon B. »

C'est ainsi qu'on souille la mémoire, qu'on répand le négationnisme qui est le socle nécessaire à l'antisémitisme.

Moi qui suis entré dans les chambres à gaz, pour en retirer les corps asphyxiés par ce gaz, je me sens devenir enragé.

En moi gronde le Caïn de la vengeance, de la guerre, celui qui veut des armes et des châtiments.

10
LA MEUTE

Je sais ce que c'est que de porter une arme.

J'ai combattu dans les ruines du ghetto à Varsovie, dans les forêts de Pologne avec les partisans. Et j'ai fait partie de la poignée de soldats de l'Armée rouge qui sont entrés parmi les premiers dans Berlin.

J'ai vu les aigles brisés, les croix gammées renversées.

J'ai éprouvé la joie, l'ivresse que donnent la force et la victoire. J'ai été le guerrier avec, dans la tête, des idées de vengeance. Et Caïn, en moi, aboyait à mon âme : « Tu as tous les droits. N'oublie pas les enfants morts du ghetto et de Treblinka.

« N'oublie pas la chambre à gaz, les fosses, les crématoires. Maintenant tu es vainqueur. Venge-toi. Montre-leur que tu fais la loi, toi le Juif. Ils t'appelaient "sous-homme". Ils disaient en te tuant, en t'écrasant le corps de leurs bottes, que tu n'étais qu'un pou. Eux étaient les Aryens, la race supérieure, les maîtres. Et autour d'eux en Europe, il n'y avait que des races inférieures. Les Français étaient des bâtards de Nègres et de Juifs. Les Polonais ne valaient pas mieux. Quant aux Russes, c'était une vermine "judéo-bolchevique" qu'il fallait exterminer.

« Et ils laissaient les Russes prisonniers s'entre-dévorer, puisqu'ils mouraient de faim, le Reich ne les nourrissant pas. N'oublie pas. Venge-toi. »

J'ai marché dans les ruines de Berlin.

Et j'ai découvert ces vieux qui fouillaient dans les décombres, ces femmes, les yeux hagards, qui cherchaient de quoi nourrir leurs enfants. J'ai vu des adolescents dans des uniformes trop grands, et des soldats épuisés, blessés, aux yeux déjà morts.

C'était donc là ce qui restait de ce peuple auquel les nazis avaient fait croire qu'il était supérieur.

Et ce n'étaient que des pauvres gens qui ressemblaient à ces affamés qui mendiaient dans les ruines du ghetto.

L'ivresse des premiers jours de victoire s'est dissipée. Je ne serai jamais Caïn. Et mon peuple ne devait jamais se soumettre à cette loi.

S'il abandonnait les commandements millénaires qui le tiennent rassemblé, qui en font un peuple différent, alors il disparaîtrait, Caïn parmi les Caïns.

Hitler qui avait voulu mettre en œuvre une Solution finale, l'aurait, malgré sa défaite et sa mort, emporté. Et nous, dans notre victoire, nous aurions été vaincus.

Je ne me suis donc pas vengé.

Ces hommes démunis, ces femmes et ces enfants errants, je ne les voyais plus comme des ennemis, mais comme des semblables. Et j'ai tenté d'avoir avec eux des relations fraternelles.

Je me souviens de m'être, un jour de pluie, engagé parmi les décombres, afin d'aller reconnaître d'où provenait cette fumée qui s'élevait dans la grisaille.

J'ai découvert, dans les fondations d'un immeuble détruit, un groupe d'habitants réunis autour d'un feu.

J'avais la main sur la gâchette de mon arme.

Dès qu'ils m'ont vu, ces Allemands se sont levés. La peur les faisait grimacer. Les femmes tremblaient, serrant leurs enfants contre elles. Les hommes, bras dressés, semblaient attendre que je les tue. Et les femmes que je les viole.

Ils avaient dû voir certains de mes camarades se comporter ainsi.

J'ai eu honte. La tunique du vainqueur collait à ma peau, me transformait en Caïn.

Je me suis souvenu de tant de scènes dont j'avais été le témoin dans le ghetto, quand les soldats nazis avançaient en maîtres, la main sur la gâchette de leurs armes.

J'ai dit quelques mots dans mon allemand incertain.

Mais la méfiance était trop forte. J'étais l'homme armé, le soldat qui pouvait disposer à sa guise de leurs vies.

J'étais Caïn. Ils étaient Abel.

J'ai compris que, dans le destin des hommes, on pouvait, si l'on n'y prenait garde, changer de rôle. Le vaincu, l'humilié devenait vainqueur arrogant. Abel devenait Caïn. Et vice versa.

Peut-être est-ce ce jour-là sous cette pluie berlinoise, devant ces hommes et ces femmes apeurées que le reste de ma vie s'est joué.

Je voulais quitter cet uniforme, cette armée. Car au fur et à mesure que le temps passait, la tunique militaire me collait au corps comme une peau brûlante qui me blessait.

J'avais découvert que des bourreaux la portaient.

Certains soldats m'avaient confié, sachant d'où je venais, que des camps existaient en URSS. C'était des confidences à mi-voix, avec la peur dans les yeux.

Voilà donc ce qui se cachait derrière les grands mots de camarade, de socialisme, de communisme.

Et j'avais cru, le temps de gagner la guerre, que cette armée qui détruisait les forces nazies, incarnait ces idéaux.

Je m'étais trompé.

Cette tunique me serrait comme une camisole.

Je découvrais que, malgré les grandes embrassades d'après la victoire, mes décorations prestigieuses, mon grade de « capitaine », je n'étais, pour beaucoup des officiers de l'Armée rouge, qu'un Juif.

Et je découvrais chez eux la tare de l'antisémitisme. Je savais que la barbarie accompagnait toujours cette attitude.

J'ai donc renoncé à la carrière militaire que l'on m'offrait. Et j'ai décidé que je ne reprendrai les armes que pour défendre mon peuple, ma vie et, je le pensais déjà, mes enfants à venir.

J'ai compris aussi qu'il fallait, à chaque instant, être sur mes gardes, pour que Caïn ne l'emporte pas dans le combat qui se livrait en nous.

Et cette bataille était d'abord l'affaire de chacun d'entre nous. Entre soi et soi.

Affaire individuelle plutôt qu'affaire collective.

Ce jour-là, j'ai compris l'importance de la conscience et je me suis défié des hommes en groupe, des uniformes, de la pensée mise en rang, contrainte de marcher au pas, de chanter en chœur.

Caïn avait besoin de la meute.

Abel était le frère de tous les hommes.

11
LES FANATIQUES

Moi aussi je me suis méfié des autres et, au lieu de les voir comme des frères, j'ai craint qu'ils ne soient – tous – que des ennemis.

Pourtant j'avais vu mon père ouvrir notre porte, sans méfiance, à tous ceux qu'il appelait ses « camarades » ou ses « frères » précisément, dès lors qu'ils avaient froid ou faim.

Je regardais ces inconnus souvent hirsutes, parfois sales, s'asseoir à notre table. Et mon père les servait en premier, les écoutait comme si leurs propos – qui me semblaient incohérents quelquefois – contenaient des leçons que nous devions tous recueillir avec humilité.

Mon père ne se souciait pas de savoir si ces visiteurs étaient juifs, tziganes, polonais, russes. Il ne les interrogeait pas sur leur passé, les raisons pour lesquelles ils étaient démunis.

Il remplissait leur tasse de thé brûlant. Il leur offrait du miel. Et il cherchait pour eux le meilleur morceau de viande de notre « tcholent ».

Lorsque ces frères, ces camarades, étaient partis, mon père restait un long moment les yeux mi-clos, le visage comme marqué par la souffrance.

« Je ne peux pas les aider davantage, murmurait-il. Je ne peux pas les inviter à vivre avec nous. Je ne peux pas. »

Je le sentais malheureux, coupable.

Parfois je protestais à ma manière. Je disais que ces hommes avaient les mains noires de crasse, ou bien qu'ils mangeaient gloutonnement.

Mon père s'indignait. Je ne voyais pas la beauté de l'homme. Je m'en tenais aux apparences. Chaque être humain portait en lui un joyau, qu'il fallait savoir distinguer sous les hardes, sous la saleté, sous la misère. Et les belles pierres précieuses ne se trouvaient pas chez les êtres les plus illustres, les plus connus, les plus riches.

Lorsque, dans ma vie, si longue déjà et que je ressens si brève qu'il me semble qu'elle ne dure que le temps d'un soupir ou d'un sourire, j'ai rencontré les Grands de ce monde, j'ai souvent pensé à ces propos de mon père.

J'ai été reçu par un roi – celui de Belgique. J'ai connu des chefs d'État, des rabbins et des évêques, des écrivains parmi les plus connus du XXᵉ siècle, des chefs d'orchestre et des virtuoses, des hommes politiques, ministres, députés, des éditorialistes et des magnats de l'industrie, des banquiers. Je pourrais dresser ici une liste qui paraîtrait incroyable. Et parfois d'ailleurs, lorsque je me remémore toutes ces rencontres, je doute moi-même de leur réalité.

Moi, l'adolescent du ghetto de Varsovie, moi, le Juif du *Sonderkommando* de Treblinka, moi, le combattant, l'anonyme, moi, dont le destin aurait dû s'arrêter parmi les pierres du ghetto de Varsovie ou au bord de la fosse de Treblinka.

Moi qui ai voulu mourir ce jour d'octobre 1970, quand l'incendie du Tanneron a dévoré ma femme et mes quatre enfants, j'ai parcouru tous les milieux, vu les hommes les plus influents de la terre, j'ai serré leur main. Ils avaient souvent lu l'un de mes livres. Ils me parlaient de ma vie.

Je ne tire aucune vanité de ces rencontres, ni des distinctions que les uns ou les autres m'ont accordées.

Je pense à mon père. J'entends sa voix me répétant : « Un homme vaut un homme, et le plus humain, le plus riche n'est pas le plus illustre ou le plus fortuné. »

Je me souviens qu'enfant il me racontait l'histoire du bagnard Jean Valjean, le héros du roman de Victor Hugo, *Les Misérables*. Plus tard, j'ai lu ce livre. Il me semblait qu'il parlait d'êtres que j'avais connus.

Car, comme Jean Valjean, j'ai affronté les situations les plus extraordinaires. J'ai été d'abord esclave à Treblinka, condamné à mort.

Et le premier « grand homme » que j'ai rencontré était un monstre. Himmler.

Il était venu visiter la prison de Pawiak, à Varsovie. Son regard m'a à peine effleuré. Je n'étais pour lui qu'un catholique polonais raflé avec des centaines d'autres, au hasard. Je ne savais pas encore que cet homme replet en uniforme noir, au visage empâté, au regard voilé derrière des lunettes à monture d'acier, était le Reichsführer Himmler qui avait planifié la Solution finale.

Il est passé entre les rangs des prisonniers, entouré par un groupe d'officiers de la SS.

Il me semble encore que j'entends cette voix en moi qui martèle que je dois me précipiter sur lui, le saisir à la gorge, mourir en le tuant.

Pourquoi n'ai-je pas bondi ?

Lorsque j'étais à Treblinka, que je voyais les corps des

miens s'entasser dans la fosse, je me suis à chaque instant reproché de ne pas avoir agi, tenté de tuer Himmler.

Je n'y serais sûrement pas parvenu mais je ne pouvais m'empêcher de revivre la scène qui n'avait duré que quelques secondes.

Himmler était passé et avait conduit jusqu'au bout son œuvre maléfique.

Était-ce Caïn qui voulait, en moi, tuer le Reichsführer ?

Les choses de l'homme ne sont jamais simples.

Himmler méritait la mort. Et j'étais en droit de la lui donner.

Et cependant je ne l'ai pas fait. Qu'est-ce qui m'a retenu ?

Ce n'était pas la peur. Peut-être tout simplement l'impossibilité morale où j'étais de tuer de sang-froid un autre homme, sans la passion aveuglante du combat.

Peut-être ce que mon père m'avait enseigné m'a-t-il paralysé. Et sauvé la vie.

Les kamikazes qui roulent dans les rues de Jérusalem n'hésitent pas, eux, à déclencher leur bombe. Ils ont reçu durant toute leur enfance la haine comme leçon.

Caïn est leur maître.

J'ai, durant ces années où je survivais en enfer, senti qu'il pouvait s'emparer de moi, me conduire à ma guise.

J'étais l'esclave des bourreaux, puis un combattant. Je vivais tendu comme un arc, toujours aux aguets, sachant qu'à chaque seconde je pouvais mourir, qu'il suffisait d'un regard, d'un geste, d'un mot pour qu'un bourreau décide de me tuer. Après, soldat, j'ai connu la guerre et ses pièges.

Quand je pense à cette période, que je fais surgir de ma mémoire mes camarades, que je reconstitue le groupe que nous formions, les quelques-uns qui survivaient plus de quelques jours dans les *Sonderkommando* de Treblinka, puis les jeunes hommes du ghetto qui avaient engagé le combat, et enfin les soldats de ma compagnie, je sens bien que jamais le danger n'a été aussi grand pour moi de devenir Caïn.

J'ai dit déjà que celui-ci a besoin de la meute. Que c'est dans et par le groupe qu'il se renforce.

Et depuis, en lisant, en observant, en écoutant, en réfléchissant, j'ai compris que dès que les hommes sont ensemble, le danger qu'ils choisissent Caïn comme guide est immense.

Cela vaut pour les partis et aussi pour les religions. Même la nôtre, qui est pourtant celle qui a chassé Caïn, et honoré Abel.

Mais il suffit que je pense au destin d'Yitzhak Rabin, le Premier ministre d'Israël, pour que je sache que Caïn peut l'emporter dans n'importe quel groupe humain.

Je me souviens de Rabin, je le vois comme s'il était assis en face de moi. J'avais rencontré déjà plusieurs dirigeants de l'État d'Israël, mais c'est de Rabin que je me sentais le plus proche.

C'était un homme rude et ouvert, un soldat qui avait choisi de faire la paix, un Juste qui avait décidé d'être fidèle à nos commandements et de ne pas céder à la loi de Caïn.

Il me questionnait sur Treblinka, le ghetto, l'Armée rouge, la bataille de Berlin. Il m'écoutait, le visage grave, serrant ses poings, me disant que chaque peuple, comme chaque homme, était responsable de lui-même.

Personne n'était venu à notre secours quand on nous exterminait, ajoutait-il. Cela pouvait recommencer. Et c'était aussi pour cela qu'il allait essayer de faire la paix.

Parce qu'Israël ne pourrait survivre que si nous établissions de solides accords d'intérêts mutuels avec les peuples qui nous entouraient.

Rabin savait qu'au fond d'eux-mêmes la plupart des Arabes rêvaient de nous voir disparaître. Mais il fallait leur faire comprendre que nous étions en Palestine pour toujours et que nous refusions de nous suicider comme nos ancêtres à Massada.

C'était donc ou la paix avec nous ou la défaite pour eux.

Et puis un jour j'ai appris – et j'en ai pleuré – qu'un jeune Juif avait assassiné Rabin, après que durant des mois on l'eut accusé d'être un « nouvel Hitler », un « traître », cherchant à nous désarmer, à nous livrer à nos ennemis.

Le meurtrier était un fanatique. Un Juif soumis à Caïn.

Il était le jumeau de ces fanatiques musulmans ou chrétiens ou de ces fanatiques des partis politiques – j'en ai connu pendant la guerre dans l'Armée rouge – qui voulaient exterminer l'Autre, celui que ne pensait pas comme eux.

Leur logique est celle de la mort. Quand ils ne peuvent pas résoudre un problème, ils le nient en supprimant l'homme, le peuple, l'État qui les conteste.

Ils ne veulent autour d'eux que des hommes identiques à eux. Toute pensée différente leur est intolérable.

Ils ne sont pas courageux, contrairement à ce qu'ils prétendent. Ils vivent dans la peur, l'angoisse. Et c'est pour cela qu'ils tuent.

Ils n'ont pas compris que le meurtre donne naissance au meurtre. Que la guerre engendre la guerre.

Ils ne peuvent vouloir d'autre paix que celle des tombeaux.

C'est la loi de Caïn.

Il faut la combattre. Il faut s'opposer à ceux qui s'y soumettent, et peuvent à chaque instant, emportés par la rage qui est en eux, devenir des assassins, des terroristes. Et s'il est nécessaire, il faut prendre les armes pour les écraser, les empêcher de tuer.

À Treblinka, dans la pénombre du baraquement où chaque nuit les SS enfermaient les hommes du *Sonderkommando*, j'ai entendu des hommes prier, puis accrocher leur ceinture à l'une des poutres et se pendre.

Leur corps mettait longtemps avant de se raidir, et leurs râles emplissaient l'obscurité.

Ces hommes-là qui refusaient de vivre un jour de plus dans l'enfer, dans cette soumission aux SS qui nous forçaient parfois à achever des hommes, des enfants, des femmes qui respiraient encore lorsque nous les tirions hors de la chambre à gaz, avaient choisi d'être comme les Juifs de Massada.

De s'échapper par le suicide.

J'ai fait un autre choix même si la tentation d'en finir m'a, au cours de ma vie, souvent envahi.

J'ai décidé de me battre contre Caïn.

Mais on ne peut vaincre Caïn qu'avec l'aide de chaque homme. Et pour qu'il devienne l'allié d'Abel, il faut que chaque homme ait réfléchi sur soi, qu'il ait les moyens de comprendre pourquoi il agit.

Il faut aussi qu'il ait l'espoir qu'autour de lui les autres hommes vont le considérer comme un frère et non comme un ennemi.

Et il faut que le monde – les choix du pouvoir, la société – ne soit pas hostile au point qu'on désespère de réussir à le changer, et qu'on décide alors, puisqu'on ne peut le transformer, de le détruire.

12
LE MONDE À CONTRE-VIE

Je regarde et écoute le monde.

Chacun de nous désormais peut, s'il le veut, savoir comment l'on vit ailleurs, ce que l'on pense aux antipodes, dans les rues du Caire ou de Bagdad, à Tel-Aviv ou à New York, à Berlin ou Moscou.

Pas un recoin de notre planète qui échappe à notre regard. Et c'est le grand changement entre le temps de ma jeunesse et celui de la fin de ma vie.

On peut, si l'on veut, partager en esprit le destin des autres. Pas d'excuses !

Je sais que cent millions de femmes au moins ont été mutilées, « excisées », parce que la coutume et la superstition continuent d'imposer cette mutilation sexuelle, sous prétexte que les femmes qui n'éprouvent aucun plaisir dans l'acte d'amour sont plus pures.

Je peux savoir, si je le veux, que chaque année des millions de jeunes filles sont soumises à cet acte barbare.

On les attache. Des femmes se penchent sur elles, les mutilent.

Et tant pis si elles crient, si elles se tordent de douleur, si pendant une dizaine de jours elles peuvent à peine manger et boire car on les a « cousues ».

Et tant pis si certaines d'entre elles vont mourir, victime d'une infection.

Voilà le monde dans lequel nous vivons.

On y place des bombes dans un wagon du métro de Moscou, dans un train à Madrid et les morts se comptent par dizaines.

On y brûle dans un village une famille d'« intouchables », car ces exclus ont eu l'audace de laisser leur vache brouter l'herbe du champ d'un voisin, qui appartient à une caste supérieure, à celle de ces exclus.

Alors la foule a entouré leur maison – une hutte plutôt – et y a mis le feu. Et le père, la mère, les enfants sont morts carbonisés.

Et cela se passe en Inde, ce pays – un véritable continent de centaines de millions d'habitants – qu'on dit démocratique !

Il l'est pour les castes supérieures, pas pour les Intouchables !

Et c'est un peu l'image du monde qu'il nous renvoie.

Nous, qui vivons en paix, nous qui avons un toit, qui pouvons nourrir nos enfants et leur donner les soins et l'éducation qui vont leur permettre de devenir des adultes, nous appartenons à la caste supérieure des privilégiés. Mais nous sommes rassemblés sur quelques îles – nos pays d'Occident, quelques quartiers, quelques villes des nations en voie de développement – et autour de nous, c'est un océan de malheur, de violence, de famine, d'ignorance.

C'est là, dans cette étendue noire, que la furie de Caïn se déchaîne et que Caïn prospère.

Je pense d'abord à tous ces enfants qui disputent aux chiens et aux charognards les ordures qui s'amoncellent à la sortie de ces immenses villes d'Afrique, du Moyen-Orient, d'Asie, où l'on ne dispose jamais de l'eau courante.

Mais on sait que d'autres en bénéficient.

Les écrans de télévision brillent comme des étoiles sur l'océan sombre. Les pauvres, efflanqués, affamés, nous voient dans nos tours, nos maisons propres, entrant dans ces boutiques qui débordent de victuailles. Ils savent qu'il suffit d'un geste de la main pour que nous ayons de l'eau fraîche et pure. Et un autre geste nous donnera la lumière. Les rues de nos villes sont comme des paradis où seraient exposés ces marchandises, ces biens, ce luxe inaccessible aux pauvres des autres mondes.

Alors ils veulent ce que nous avons. Ils quittent leurs masures, leurs rues encombrées d'immondices. Ils nous envient. Ils nous haïssent.

Chaque jour des dizaines de milliers d'entre eux tentent d'entrer chez nous.

Chaque jour des centaines d'entre eux meurent en essayant de franchir nos frontières.

Les uns se glissent sous les barrières électriques qui ferment les États-Unis. Et les patrouilles de police les traquent comme des animaux nuisibles.

Les autres n'hésitent pas, en Afrique, à se cacher dans le train d'atterrissage d'un avion, et leur corps gelés sont retrouvés à l'arrivée, à Lyon ou à Bruxelles.

Certains paient des « trafiquants de chair humaine » qui les entassent dans des embarcations délabrées, qui tentent d'aborder les côtes d'Espagne ou d'Italie. Et ces bateaux souvent coulent, et ces familles de malheureux, venues parfois du cœur de l'Afrique ou du Kurdistan, se noient.

Certains se dissimulent dans des camions, sous les marchandises. Ils ont quitté la Chine ou le Vietnam. Et ils meurent asphyxiés avant d'avoir atteint l'Angleterre.

Les reportages les montrent fugitivement.

On décharge les corps. On hospitalise les quelques survivants.

Et on en voit des milliers d'autres qui, le long des côtes françaises ou belges, se recroquevillent, serrés les uns contre les autres, guettant un camion, un bateau, mourant de faim et de froid.

Des bandes qui n'obéissent qu'à la loi de Caïn appâtent les jeunes filles de Roumanie, de Bulgarie, de Russie. On leur joue l'air qu'elles veulent entendre, celui qui correspond à leurs rêves. « Tu auras un emploi. Tu trouveras un mari ou bien tu rentreras chez toi riche ou bien tu enverras de l'argent au pays, à tes parents qui crèvent de misère. »

Ce sont elles, européennes ou africaines, que l'on aperçoit par centaines le long des boulevards mal éclairés de nos villes. On les a jetées dans la prostitution. Et si elles essaient de fuir, on les frappe, on les martyrise, on les défigure, on les torture, on les tue.

Et il y a des bandes d'enfants qu'on dresse à mendier, à voler, qu'on mutile parfois pour apitoyer le passant.

Ils sont roumains, tziganes souvent. Certains sont contraints de se prostituer. D'autres sont accroupis, près des distributeurs de billets, le dos appuyé à la façade de nos banques. Ils ont un écriteau posé sur leurs genoux On peut y lire : « J'ai faim. Pitié. » Et parfois ils se jettent sur une jeune femme qui attend que la machine lui rende sa carte bancaire et lui délivre ses billets.

Ils la bousculent. Ils lui arrachent la carte et l'argent, puis ils s'enfuient dans le métro.

Tout cela, le voyez-vous encore ?

Je le décris pour vous le rappeler, vous contraindre à vous souvenir comme je me souviens de ces familles en haillons dans les rues du ghetto de Varsovie.

Mais l'enfer se prolonge dans notre monde.

Où est donc ce progrès dont on nous rebat les oreilles puisque tant de misérables, d'affamés sont à nos portes, dans nos rues, et forment la population de continents entiers ?

Il y a pire.

En Chine, dans les pays d'Europe même, en Russie, dans certaines régions d'Amérique latine, on tue des enfants pour se procurer des organes – une cornée, un rein, du sang – que l'on vendra dans nos pays à des familles malheureuses dont un enfant à besoin de la greffe de cet organe.

Et ce commerce de chair est organisé par des bandes de Caïns et parfois avec la complicité des gouvernements, pour qui Caïn est le maître.

Et parce que je dois aller jusqu'au bout de la vérité, il me faut dire que sur Internet on offre à des pervers des enfants pour qu'ils puissent en jouir, les torturer à leur guise, les tuer et parfois s'en nourrir.

Je n'invente rien. Je dis ce qui est, qu'on nous montre, qu'on nous raconte, et dont nous nous repaissons, avant de l'oublier vite.

J'ai parlé de cela avec mon ami Max Gallo.

Il a posé devant moi des livres d'historiens de l'Antiquité romaine. Il m'a lu des passages de Suétone qui raconte la vie des empereurs, Tibère, Néron qui régnaient à Rome au Iᵉʳ siècle de l'ère chrétienne.

L'horreur était là. Semblable à celle qui existe encore. Et je me suis souvenu des *Misérables*, de Fantine, la mère de la petite Cosette. Elle se prostitue, vend ses dents et ses cheveux pour payer la pension de sa fille.

Et l'on parle de progrès ?

Où est-il ?

Je songe aux dizaines de millions de morts du XXᵉ siècle. Et de ces crimes-là je fus le témoin et l'acteur.

Il faut dresser cette comptabilité des crimes commis.

Dans les guerres mondiales. Dans les camps d'extermination. Dans le goulag soviétique.

Et j'ai vu ces alignements de crânes – un million, deux millions ? – qui rappellent comment, au Cambodge, les soldats de Pol Pot – parfois des enfants – ont dépeuplé leur pays. Une balle dans la nuque ou la tempe pour les habitants des villes qu'on estimait ne pas pouvoir « rééduquer » !

Et combien de victimes de Saddam Hussein ?

Et je ne veux pas oublier les dizaines de milliers de Japonais victimes de l'explosion des bombes atomiques d'Hiroshima et de Nagasaki.

Mais il y a eu au cours de ce siècle, il y a dans le nôtre, d'autres manières de mourir que dans l'éclat des bombes et la barbarie extrême des guerres ou des exterminations.

Avez-vous vu ces enfants africains tentant d'arracher à leurs mères, dont les seins flasques sont vides, une goutte de lait ?

Savez-vous que ce sont près de quarante millions d'Africains qui portent en eux le virus du sida et le transmettent ? Et que des enfants naissent innocents et déjà contaminés.

Mais les laboratoires pharmaceutiques, ces entreprises rapaces, s'arc-boutent pour ne pas céder les brevets qui permettraient à ces États pauvres de fabriquer les médicaments qui pourraient peut-être sauver ces vies. Les thérapies efficaces – mais si coûteuses – nous les réservons aux habitants de nos contrées privilégiées qui peuvent payer.

Et il y a des morts encore moins spectaculaires, de celles qui paraissent « normales », parce qu'on ne peut en faire une image télévisée car elles se détruisent chaque jour un peu, et que l'homme s'en va lentement, sans un cri. Il est trop rongé par la faim, par l'eau insalubre, par l'air vicié qu'il respire, pour se révolter.

Il y a les paysans du Brésil, abattus comme des animaux s'ils cherchent à arracher quelques mètres carrés aux grands propriétaires qui se sont emparés de leurs lopins de terre.

Il y a ces gens qui agonisent lentement parce qu'ils vivent près d'une usine qui pollue les plantes et l'atmosphère.

Il y a ceux que les grandes cultures « marchandes » – le cacao ou le coton – ont chassés de leurs terres et qui s'en vont mourir de misère – lentement – dans les banlieues sordides des grandes villes africaines ou les « favelas » du Brésil.

Ils luttent contre les chiens et les rats pour leur arracher quelques débris de nourriture.

Et un jour – et cela parfois on le montre – la terre sur laquelle ils ont construit leurs cahutes glisse en épaisses coulées boueuses et engloutit des dizaines de milliers d'entre eux. Mais qui connaît le nombre exact des victimes ? Leurs enfants sont emportés, étouffés, noyés. Et ceux qui survivent ont perdu les quelques biens – deux casseroles, une table, une paillasse – qu'ils possédaient.

Et il y a toutes ces morts silencieuses, à notre porte. Ce sont des vieux qui sont abandonnés, parce que le Caïn qui est en nous se détourne pour ne pas les voir. Ils nous gênent avec leurs maladies ou simplement la faiblesse de leur âge.

On les ignore. On les enferme dans le silence et parfois dans ces prisons – même quand elles sont confortables, ce qui est rare – que sont les maisons pour vieux.

Je les regarde avec désespoir, peut-être parce que je m'approche de leur âge.

Mais je suis un privilégié. La vie vibre autour de moi : mes enfants, si jeunes, me donnent un peu de leur force chaque fois qu'ils rient. Et ils le font à chaque instant.

Je ne connais pas la misère.

La maladie m'a épargné jusqu'à ce jour. Et je dirais pourquoi plus tard. Car mon expérience est une richesse que je veux partager avec les autres hommes.

Et puis il y a ces phrases que je trace, qui s'envolent, sont recueillies par des lecteurs qui, à leur tour, m'écrivent et le dialogue se noue entre eux et moi.

Mais cette situation favorisée, je ne veux pas – je ne dois pas –, comme un égoïste, me contenter d'en jouir. Je dois agir.

Témoigner encore tant que je le peux.

Essayer, par ce livre, de faire un peu bouger les choses.

Leur dire que notre siècle – comme ce XXe dont je porte les cicatrices – s'en va à contre-vie.

Crier, tant que la force et l'énergie m'en sont données, qu'il faut changer de route.

Écoutez-moi !

13
UN JEU PUÉRIL
ET PRESQUE DÉRISOIRE

Je regarde défiler les images du monde tel qu'il est.

Je vois des visages ensanglantés, des hommes et des femmes aux yeux hagards, les vêtements déchirés et brûlés. Ils sortent en titubant des profondeurs de la terre. Ce sont les survivants d'un attentat commis dans le métro de Moscou. D'autres fuient un train éventré à Madrid.

Un kamikaze – homme ou femme – a fait exploser sa bombe, détruisant des dizaines de vies rassemblées dans un wagon.

Caïn doit rire, se féliciter de la folie meurtrière qui se répand comme une peste, que rien ne peut arrêter.

Quelques minutes plus tard, je vois, sur le même écran, un amoncellement de milliers de poulets que l'on vient de tuer, et des hommes masqués s'affairer autour d'eux, les ramasser à la pelle, les jeter dans de grands fours.

Il faut détruire ces animaux, et peut-être bientôt abattre les porcs, contaminés à leur tour par cette grippe aviaire dont on me dit qu'elle pourrait faire des millions de victimes.

Et les laboratoires s'apprêtent à fabriquer des vaccins contre ces virus nouveaux qui sautent d'espèce en espèce, de l'animal à l'homme.

Caïn doit rire car les morts, hommes, animaux, s'entassent. Et la Faucheuse taille dans les vies avec sa grande lame.

Et puis, voici des images d'une baie envahie par la marée. Là entre les rochers, dans cette eau glacée, quelques hommes ont été surpris par la montée des flots.

Ils étaient courbés, cherchant des moules dans cette anfractuosité de la côte du nord de la Grande-Bretagne. Il ne s'agissait pas d'Anglais mais de Chinois immigrés clandestins, payés de quelques pièces pour ce travail. Et que la mer a submergés.

Et je croise le regard de l'un des survivants, que l'on entoure et dont tout le corps tremble.

Caïn doit rire. Il règne d'un bout à l'autre du monde qui ressemble de plus en plus à une machine aveugle.

Je sais, je sens, qu'elle accélère.

Je retrouve cette sensation de vibration que j'avais éprouvée dans les années 1938-1939.

Mon père ne réussissait pas à dissimuler son anxiété.

Il murmurait souvent : « Si la guerre... », puis il s'interrompait comme s'il avait craint qu'à énoncer le péril il ne le renforçât.

Moi qui voyais dans les rues de Varsovie défiler les soldats, moi qui entendais ces cris nous accusant, nous les Juifs, d'être responsables de la tragédie qui s'annonçait comme nous étions coupables des morts à venir, comme – prétendait-on – nous l'avions été de la crucifixion du Christ, je percevais ce tremblement du sol et de l'air.

Le cataclysme roulait vers nous comme une houle immense et noire.

J'éprouve le même sentiment aujourd'hui.

Épidémie, misère, guerres, attentats, les hommes se détruisent en même temps qu'ils saccagent les forêts, qu'ils empoisonnent le sang de l'atmosphère.

Ils choisissent Caïn plutôt qu'Abel.

La destruction et le jeu plutôt que le respect de la vie.

Je vois, au cœur d'une ville française, des jeunes hommes et femmes qui vivent depuis plusieurs jours dans les arbres pour empêcher qu'on ne les abatte afin de construire sur cet espace nu un grand stade.

Alors qu'on tue les platanes centenaires !

Et la police arrache aux arbres ces jeunes Abels qui s'y accrochent en les entourant de leur bras.

Et puis lorsqu'on les a frappés, chassés, arrêtés, les tronçonneuses taillent les troncs et les arbres tombent dans un grand fracas.

La machine aveugle va de plus en plus vite. Elle creuse entre les nations et les peuples un abîme d'inégalités toujours plus large et profond.

Elle entasse des armes capables de détruire en quelques heures des centaines de millions d'humains, de rendre l'air irrespirable, et d'irradier la terre, générant des maladies mortelles qu'on ne pourra soigner.

Et les hommes ressembleraient à ces enfants aux corps mutilés qu'on voit avancer sur des béquilles – des branches d'arbres ! – parce qu'ils ont sauté sur une mine antipersonnel, un de ces engins de mort répandu par les combattants dans les forêts et dans les champs, sur tous les chemins.

Caïn rit aux éclats.

Il sait que devant cette machine-monde, on est démuni. Comment la freiner, lui faire changer de route ?

Par où faut-il commencer ?

Je me souviens d'un Polonais – Bronislaw – que je trouvais vieux. Il devait avoir une cinquantaine d'années dans les années 1940.

Aujourd'hui je dirais qu'il était encore jeune. Je l'avais rencontré dans l'un des maquis de Pologne où je m'étais réfugié après avoir fui le ghetto désormais réduit à un tas immense de décombres.

Je n'avais pas dit que j'étais juif.

Un prêtre m'avait conseillé de ne jamais l'avouer même à des combattants antinazis. Mais le vieux Bronislaw, un jour que nous étions adossés au même tronc d'arbre, nos armes posées sur nos genoux, avait murmuré sans se tourner vers moi :

« Tu l'es, n'est-ce pas ? Tu as fui le ghetto ? »

Je n'ai pas répondu.

Il a posé sa main sur ma cuisse.

« Pour moi, a-t-il ajouté, tu es seulement le jeune Mietek qui sait et veut se battre. Et qui doit apprendre encore tant de choses. Je vais t'aider Mietek. T'ouvrir la tête et les yeux. »

Il m'a parlé chaque jour quand nous marchions dans la forêt ou que nous nous chauffions autour d'un feu, au plus profond de la forêt. Bronislaw voulait changer le monde injuste et cruel et savait, disait-il, comment s'y prendre, par où commencer.

Il fallait s'emparer du pouvoir politique. Établir un régime égalitaire qui aurait gouverné d'une poigne de fer pour le bien des hommes. Il aurait organisé la production et la distribution des salaires et des biens.

Il chantonnait d'une voix grave le chant des révolution-naires, « Du passé faisons table rase, le monde va changer de base ».

Je l'écoutais comme un enfant auquel on raconte une fable. Et j'ai cru quelques mois à cette utopie.

Puis je l'ai rencontrée telle qu'elle était en côtoyant les officiers de cette Armée rouge que Bronislaw avait saluée comme celle des libérateurs, la grande armée de la justice !

J'ai combattu dans ses rangs pour vaincre le nazisme. Mais je n'ai plus cru à la fable de Bronislaw.

J'ai appris plus tard que Bronislaw, mon vieil ami des maquis, avait été arrêté, sans doute abattu par ceux qu'il appe-lait ses camarades. Soldats de cette armée qui en 1939 s'était partagé la Pologne avec les nazis. Et avait dans les forêts de Katyn tué d'une balle dans la nuque des milliers d'officiers polonais qui refusaient de devenir « russes et communistes ».

Une balle dans la nuque ; c'est la méthode employée au Cambodge par les communistes de Pol Pot et c'est ainsi qu'on exécute en Chine.

J'ai donc compris que la révolution ne changerait pas le monde.

Et j'ai découvert aussi que la politique, fût-elle pacifique et s'exerçant dans le cadre d'institutions démocratiques, ne le pouvait pas non plus si elle se limitait à promulguer des lois, même généreuses. La machine les bousculait, les effaçait.

Et Caïn surgissait là où l'on avait cru porter Abel au pouvoir.

Je me souviens d'avoir attendu dans l'antichambre du bureau du président de la République française, François Mitterrand, au palais de l'Élysée.

135

J'avais obtenu un rendez-vous afin de lui présenter les projets de la Fondation Futur que j'avais mise en place pour favoriser l'entrée dans la vie et le travail des jeunes.

Mais l'histoire m'a joué un tour.

La guerre du Golfe a éclaté, et j'ai vu passer dans l'antichambre des généraux et des amiraux, de longues cartes roulées sous les bras. Le président Mitterrand m'a cependant reçu.

Dans son grand bureau qui donnait sur le parc de l'Élysée, une immense carte avait été recouverte d'un drap blanc, pour que les visiteurs ne puissent y découvrir le secret des opérations militaires. J'ai commencé à parler, mais il m'a suffi de quelques mots pour sentir que le président ne m'écoutait pas, les yeux dans le vague, immobile comme une statue de marbre. Sa peau était d'une blancheur effrayante, comme si le sang avait déjà quitté son visage et son corps.

J'ignorais alors, comme la plupart des Français, que le président était malade depuis plusieurs années.

Son silence n'était pas celui d'un homme préoccupé par un sujet aussi grave que peut l'être une guerre.

J'avais en face de moi un homme « désintéressé » par tout ce qui n'était pas lui – était-ce un effet de la maladie ? – qui faisait semblant de jouer sa partie alors qu'elle l'ennuyait, peut-être parce qu'il avait compris que la politique, à elle seule, ne changerait pas le monde, et que Caïn, à la fin des fins, en devenait toujours le maître.

Ce que je vivais là, ces conclusions qui peu à peu s'imposaient à moi, tous ceux de mes amis qui avaient été mêlés aux affaires publiques, mais étaient restés lucides, les partageaient.

En 1972, j'ai rencontré à Londres, au moment de la sortie en langue anglaise de *Au nom de tous les miens*, l'écrivain Arthur Koestler.

J'ai été fasciné par ce Juif hongrois. Au cours de longues conversations pendant les week-ends, il m'a beaucoup apporté. Il avait d'abord cru à la révolution communiste dont il avait été un des propagandistes, jusqu'au moment où il avait découvert qu'elle n'était qu'un monstre cannibale, dévorant ses adeptes et les peuples.

Il m'a raconté ce qu'il avait appris dans *Le Zéro et l'Infini*, que j'avais lu à mon arrivée aux États-Unis.

À Londres, il m'expliquait qu'il avait peu à peu abandonné la réflexion politique, pour étudier la biologie.

Il pensait désormais que si l'homme ne cessait de faire le Mal tout en voulant le Bien, c'était parce que, dans l'évolution de l'espèce, un accident s'était produit, et que l'homme restait dominé par un « cerveau reptilien » archaïque qui le poussait au meurtre.

Nous étions comme Un cheval dans la locomotive – le titre d'un des livres de Koestler –, emportés à la vitesse d'une machine que notre intelligence avait créée alors que nous gardions les réactions d'un animal.

Dix ans plus tard, Koestler devait décider de se suicider en compagnie de sa femme, pour éviter les maladies et les impotences de la vieillesse.

Un autre de mes amis écrivains, Max Gallo, avait lui aussi glissé de la réflexion politique et historique, à une méditation sur le Mal, le destin de l'homme et le sens de la vie.

Il avait publié trois livres sur *Les Chrétiens*, fasciné par l'expérience mystique, auprès de laquelle la politique paraissait un jeu peut-être nécessaire mais puéril et presque dérisoire.

Max Gallo m'expliquait que seule la croyance au sens divin de la Vie pouvait éclairer le mystère du Mal et de la mort. Et c'est par la foi que l'on pouvait espérer maîtriser cette force meurtrière et destructrice à laquelle je donne le visage et le nom de Caïn.

L'un comme l'autre, Arthur Koestler et Max Gallo, mes expériences et mes réflexions, le souvenir de Bronislaw et de tant d'autres broyés par la machine de la politique, cette mécanique que finit toujours par conduire Caïn, m'ont convaincu qu'on ne peut changer le monde par la simple révolution ou le gouvernement.

Il faut que l'homme – chacun de nous – opère en lui-même cette révolution : maîtriser Caïn et libérer Abel.

14
LE PRINCE MÉDIATIQUE

Enfermer Caïn dans la prison de notre conscience, et devenir Abel, pour qu'enfin l'homme ne soit plus le meurtrier de l'homme, et qu'entre eux règnent l'amour, la fraternité, voilà ce dont, depuis l'origine des temps, les hommes rêvent lorsqu'ils bâtissent des utopies généreuses, lorsqu'ils prient.

Mais les utopies conduisent aux massacres – ainsi le goulag de Staline – et souvent les croyants des religions fraternelles sont devenus des fanatiques, ont dressé des bûchers, des gibets et creusé des fosses.

Tel est le mystère, l'échec, la tragédie.

Et l'humanité dans sa marche laisse derrière elle une large traînée de sang.

Aucun peuple – et ma nation, le peuple d'Abel, a lui aussi vu sortir de ses rangs des fanatiques –, aucune époque n'a échappé à Caïn.

Je découvrais, il y a quelques mois un tableau qui se trouve au musée de Lausanne.

Max Gallo m'avait conseillé d'aller le contempler lors d'un de mes séjours en Suisse.

Je suis resté plus d'une heure devant cette toile de Françoise Dubois qui a peint les massacres de la Saint-Barthélemy, à Paris, le dimanche 24 août 1572.

En voyant des tueurs qui, armés de leurs dagues, de leurs haches égorgent, dépècent des femmes, des enfants, des

141

hommes désarmés, parce qu'ils sont protestants, j'avais eu l'impression de revoir des scènes dont j'avais été le témoin dans les rues du ghetto de Varsovie quand, tout à coup, des Allemands y surgissaient, semant la terreur.

J'étais fasciné par l'un des détails du tableau : Dubois y représente un nouveau-né serré dans ses langes et que deux jeunes garçons traînent vers la Seine après l'avoir tué afin de l'y précipiter.

Et ce que raconte ce tableau, c'est aussi ce qu'ont vécu les Juifs au cours des âges, et tous les peuples tour à tour vainqueurs ou vaincus, massacrés par d'autres peuples persuadés d'être d'une race supérieure ou de posséder la juste foi.

J'ai tourné dans ce manège infernal et sanglant.

Je veux qu'il s'arrête. Je sais qu'il faut pour cela que chaque homme change, maîtrise Caïn.

Mais parfois j'ai peur que ce ne soit plus difficile encore aujourd'hui qu'autrefois.

On nous dit libres pourtant. L'esclavage ne sévit plus que sur quelques millions d'hommes. C'est trop. C'est inacceptable. Nous sommes six milliards et le temps n'est plus aux serfs, rivés à leur maître. On ne traite plus les hommes comme dans l'Empire romain d'« instruments vivants et parlants », à peine différents d'un bœuf de labour – « instrument vivant et sans parole » – ou d'une bêche – « instrument matériel ».

Mais la plupart des hommes sont-ils vraiment libres ?

J'ai déjà parlé de la faim, du chômage, de la misère, de la peur, de la violence dans laquelle ils sont enfermés comme dans une prison.

Il y a plus.

Un maître tout-puissant les tient courbés. Ils ne le craignent pas. Ils ne savent même pas qu'ils en sont les esclaves. Et cependant il les tient garrottés. Il les contraint à agir comme il veut. Ce Prince absolu, invisible, est capable de les faire se dresser sur un ordre ; il leur dicte leur conduite. Il peut les pousser dans la révolte violente ou dans la soumission.

Ce Prince dictatorial est implacable et cependant aimé. Il n'a pas besoin de bourreaux pour se faire obéir. Ce Prince distribue de la drogue en toute légalité. Les enfants en consomment dès leur plus jeune âge. Et on ne pourra plus jamais les en priver.

Il domine toute la terre. Et il concentre de plus en plus tous les pouvoirs que jusqu'alors conservaient quelques vassaux.

C'est le Prince Médiatique, notre Jupiter.

Il règne.

Il gouverne les têtes. Il est le visage du plus grand pouvoir qui ait jamais existé. Les foules le suivent. Il dit un mot, et elles se précipitent pour applaudir le héros qu'il leur a désigné.

Les jeunes gens veulent à tout prix le servir, pour qu'il fasse connaître leur nom, leurs traits.

Il prétend ne dire que la vérité, se plier aux désirs de ceux qui l'écoutent, le lisent, le regardent.

Il est habile. Il a trouvé l'allié qui lui assure la domination sur tous ceux – l'immense majorité des hommes – qui ignorent qu'ils lui sont soumis et se croient libres.

L'allié du Prince Médiatique, de Jupiter, c'est Caïn.

À chaque instant sur les écrans qu'il anime, on voit tuer, torturer, frapper, humilier. L'angoisse, les peurs, la violence, le meurtre sont le grand ressort des images qu'il diffuse.

Et quand Jupiter-Média ne montre pas la cruauté, il flatte les perversions de l'âme.

On montre le malade, le fou, le déchiré, le malheureux. Le Prince Médiatique nous invite à pleurer sur ces souffrances, la compassion est son alibi. En fait, il flatte notre désir malsain de contempler le malheur d'autrui.

On met en scène la rivalité, l'adultère, la concupiscence, le désir, la peur, l'horreur.

On transforme chaque téléspectateur en voyeur.

Ce sont des jeux du cirque renouvelés, qui font appel aux instincts qui rassemblaient, à Rome, la foule au Colisée.

Quant au désir de voir couler le sang, les fictions le satisfont.

Un adolescent de seize ans, aura vu durant sa courte vie, plusieurs milliers de meurtres !

S'étonnera-t-on qu'un jour il prenne une arme – en vente libre aux États-Unis – et, par jeu, par haine ou mépris de l'autre, par défi, devienne Caïn, et abatte, dans son lycée, au hasard, ceux dont il partageait les études et les jeux ?

J'ai vu les visages de ses victimes. J'ai entendu les cris de leurs parents.

J'ai vu les corps de ces tueurs de quinze ans, dont l'un s'était suicidé et l'autre avait été abattu par la police.

J'accuse le Prince Médiatique d'être responsable de ces morts. Certes, ce Jupiter-Média est lui-même un rouage de la grande machine qui entraîne le monde.

Certains penseront qu'il n'est qu'une entreprise recherchant des bénéfices, et qu'il diffuse ce qui se vend comme n'importe quel marchand le ferait. Ses produits sont les images, les événements, les rêves mis en scène. Et il a simplement constaté que le sordide et le sanglant, le pervers et le criminel, le spectaculaire dans l'horreur, l'imaginaire noir, obtenaient une grande audience. Qu'il fallait le suspense d'une enquête pour retenir le téléspectateur devant un écran. Et l'audience faisait monter en flèche le prix des secondes de publicité.

Le Prince Médiatique enrichissait les propriétaires. Et Caïn, son allié, était aussi au service du marché.

Mais ce Prince Médiatique n'est pas qu'un rouage du système économique.

C'est lui qui, maintenant, gouverne plutôt qu'on ne le gouverne. Des dizaines de milliers d'hommes et de femmes le servent de par le monde.

Ces présentateurs, ces producteurs, et même les journalistes sont l'équivalent des lanistes qui dans l'antiquité romaine possédaient les gladiateurs, les entraînaient, organisaient le spectacle.

Et ils n'ont pas plus de scrupules.

« Il faut donner au peuple ce qu'il attend, pensent-ils. » Et Caïn est plus fascinant qu'Abel. Et Caïn réclame de la chair vivante. Alors on la lui offre.

J'ai vu après un attentat commis par un kamikaze à Jérusalem les corps déchiquetés des victimes étalés sur l'écran. J'ai vu un amuseur qui dans une émission de télévision s'est présenté vêtu comme un rabbin orthodoxe et a fait le salut hitlérien, en criant « Heil Israël ».

J'ai tenté d'empêcher mes enfants de se laisser droguer par le spectacle de la violence, en les écartant de la télévision.

Alors ils m'ont réclamé des jeux vidéo. Je les ai visionnés. On doit, au volant de sa voiture, écraser des passants, s'enfuir, tuer des policiers, tirer, tirer à tout instant, sur ceux qui s'opposent à vous. Et si l'on perd la partie on meurt mais on se relève et on recommence. Ce n'est qu'un jeu, n'est-ce pas ?

Mais de nombreux adolescents déjà ont été à ce point contaminés qu'ils sont entrés dans la vie comme on entre dans leur jeu. En tuant. En imaginant qu'ils allaient pouvoir jouer une nouvelle partie.

Et on les a tués ou emprisonnés pour trente ans. Ou condamnés à mort, et exécutés même s'ils étaient mineurs au moment de leur crime.

Caïn règne donc associé au Prince Médiatique.

Ils ont colonisé les jeux vidéo et Internet. On vend sur la toile des films où les enfants sont martyrisés. Et il existe des centaines de sites pédophiles, qui proposent de jeunes proies vivantes pour « jouer » avec.

Tel est le royaume du Prince Médiatique.

Mais les conséquences de sa domination sont plus graves encore. Il aime le sang, le spectacle tragique, l'horreur, le crime. Il nourrit Caïn et se nourrit de lui.

Alors pour relater la vie du monde, il ne montre que ce qui le satisfait, correspond à ses intérêts.

Les lanistes-journalistes choisissent les gladiateurs, font entrer les bêtes féroces, écartent tout ce qui peut déplaire au spectateur qu'on flatte ou à l'empereur qu'il faut satisfaire.

On montre ce qu'il attend, ce qui conforte son pouvoir.

Pourquoi exalterait-on Abel ? La fraternité ? Le dévouement ? Si on le fait, c'est de manière à transformer ce qu'on montre en spectacle et à le vider de la vérité qu'il contient. Et chaque moment de la vie du monde est ainsi modifié, manipulé, mutilé par ce Prince Médiatique, dont nous sommes dépendants.

Il nous fait croire que nous sommes les témoins de ce qu'il montre. Il cache les morts quand il a décidé que c'était de son intérêt de ne pas les montrer.

On ne voit plus les morts des armées en guerre puisque celles-ci doivent se faire sans perte. Guerre-Zéro mort, dit-on. Et ce mensonge, l'écran le répète puisqu'il est vide de cadavres.

Alors pourquoi pas la guerre ? Puisqu'elle n'est pas sanglante pour nous ?

Mais s'il faut au contraire susciter l'indignation, alors voici des corps démantelés. Et peu importe qu'en les montrant on blesse les familles, les survivants, les enfants !

Le Prince Médiatique nous fait croire que nous voyons la vérité, mais il ne s'agit que de son mirage.

Et il en fait de même en toute occasion.

Les spectacles se nomment « télé-réalité », alors que tout est sous cloche, que c'est une vie artificielle et truquée qui s'y déroule.

Tout est « joué ». Le monde reflété par le Prince Médiatique n'est qu'un spectacle.

Il nous trompe.

Nous sommes aveuglés par le mensonge médiatique.

Comment comprendre le monde, comment nous comprendre, comment vaincre Caïn, quand le faux s'appelle vrai ?

Et que, de l'enfance à la mort, à tous les instants de notre vie, c'est ce mensonge qu'on nous inocule.

Le Prince Médiatique nous oblige à ne pas le quitter des yeux, pour mieux nous aveugler.

15
LES CRABES DE LA RÉALITÉ

Il y a deux mondes.

Le vrai, celui où le sang coule, où l'amour unit les êtres qui s'aiment, où la souffrance se lit sur les visages, où l'on a faim et froid. Où l'on vit dans l'angoisse du lendemain. Pour la santé de ses proches. Pour le travail qui se dérobe. Où l'on a peur de manquer du nécessaire, de souffrir.

Ce monde vrai qui nous écrase entre ses mâchoires implacables, c'est celui dans lequel nous survivons. Plus ou moins facilement avec des instants de joie intense, et des chutes qui nous entraînent dans des gouffres d'où nous craignons de ne jamais réussir à nous échapper.

Une civilisation humaine devrait nous aider à affronter ce monde vrai et à l'organiser pour qu'il soit moins cruel, et que nous sachions accepter l'inéluctable. La mort de ceux que nous aimons, et notre propre affaiblissement, jusqu'à la disparition qui nous emportera loin de ce que nous avons créé, des êtres pour qui nous avons construit notre vie, afin de protéger la leur.

Ce monde vrai, cette manière humaine d'y faire face, les hommes cherchent au contraire, et depuis l'origine, à le fuir, à en détourner les yeux.

Ils ne veulent pas savoir. Ils enfouissent leur tête dans le rêve, les illusions. Ils vivent comme des automates, cherchant à traverser le plus vite possible, les yeux fermés, le

151

monde vrai, pour retrouver ce monde virtuel – celui des mirages – que leur donnaient jadis les magiciens avec leurs divinations et leurs sortilèges et qu'aujourd'hui leur fournit, à chaque minute du jour, le Prince Médiatique.

Il est la Grande Drogue, qui vient s'ajouter aux milliers d'autres drogues, de médicaments en tous genres que nous avalons pour fuir le monde vrai.

Je ne suis pas de ceux qui s'échappent de la réalité. Je sais depuis l'adolescence que les hommes sont gouvernés par la peur, qu'il faut apprendre à être courageux et lucides. Mais je sais aussi que la tentation est grande de refuser de voir, tant le monde vrai est menaçant.

Je me souviens de mes frères du ghetto de Varsovie qui refusaient d'imaginer que les Allemands allaient nous déporter.

Ils n'entendaient que les fausses nouvelles, qui les rassuraient et que répandaient les nazis et les Juifs qui avaient accepté de diriger le ghetto. Quand les déportations ont commencé, quand il a fallu fournir chaque jour aux Allemands six mille « têtes » comme ils disaient, et les listes de ceux qui allaient se rassembler sur l'Umschlagplatz, pour embarquer dans les trains de la mort, on a dit, on a cru, on a prétendu que les déportés allaient vers les campagnes de l'Est, que des fermes les attendaient là-bas, peut-être même y construisait-on un État juif.

Seuls quelques-uns – dont j'étais – refusaient ces illusions, appelaient à se révolter ensemble, tous ensemble.

L'un de mes camarades que nous appelions Bolek – de son nom Gustaf Alef – avait essayé de convaincre les habitants du ghetto de tout quitter, de tenter une sortie en masse, en force, de prendre ainsi nos gardiens par surprise.

Nous pouvions, disait-il, réussir notre percée, rejoindre les forêts pour y combattre.

Mais il fallait avoir le courage de tout abandonner. Ces pauvres biens qui étaient dans la misère du ghetto notre seule richesse.

Il fallait rompre avec nos habitudes, nous arracher à la passivité, au fatalisme. À l'espoir aussi qu'on viendrait nous délivrer ou à celui qui nous faisait croire que nos bourreaux ne voulaient pas notre mort et se contentaient de nous humilier, mais que jamais – parce qu'ils étaient des hommes, n'est-ce pas ? – ils ne songeraient à nous exterminer.

Mais c'est Bolek qui avait raison.

Les hommes qui l'ont suivi ont réussi à rejoindre les maquis – où plus tard, je les ai rencontrés –, certains sont morts, mais les armes à la main.

Après la guerre, Bolek, diplomate polonais à Vienne, lisant *Au nom de tous les miens*, a reconnu derrière le nom de Martin Gray son ami Mietek.

Nos retrouvailles furent bouleversantes. Nous nous sommes raconté nos vies.

Agir, combattre, voilà ce qu'il fallait toujours faire. Savoir aussi que le plus horrible peut se produire.

Cassandre, a répété Bolek. Qui écoute Cassandre ? C'était ainsi à Troie, il y a deux millénaires. C'est encore vrai aujourd'hui.

En Pologne, à Varsovie, le refus du monde vrai et du génocide qui s'annonçait était si grand, si rassurant, que ce n'est qu'après des mois, en avril 1943, que l'insurrection du ghetto a éclaté. Mais nous n'étions plus alors qu'une poignée pour nous battre.

Dans les camps d'extermination il en allait de même.

On ne voulait pas croire que les Allemands nous conduisaient vers une chambre à gaz.

Et nos bourreaux connaissaient si bien la force de l'illusion, le désir de ne pas savoir, qu'ils avaient bâti tout un
décor pour faire croire aux déportés qu'ils arrivaient dans
une tranquille petite gare, que les flèches qu'il fallait suivre
les conduisaient aux douches et non à la mort.

Et malheur à celui des anciens du camp chargé de s'emparer des paquets des arrivants, s'il dévoilait le subterfuge.
Et d'ailleurs, à quoi bon ? pensaient la plupart de ceux qui
savaient.

Mais cette volonté d'ignorance, cette lâcheté même qui
conduit à refuser de savoir, empêchent la résistance, la
révolte, et donc suppriment les chances, les faibles chances,
d'échapper au sort auquel on vous destine.

Après m'être échappé de Treblinka – et c'était un
miracle, quelque chose d'impossible à penser tant il fallait
de circonstances favorables pour y parvenir – j'ai rencontré
des Juifs qui vivaient encore presque paisiblement dans
leur ghetto de Zambrow. Les forêts entouraient les palis-
sades du ghetto.

Les gardes étaient peu nombreux. Rien n'annonçait la
mort totale et prochaine de toute cette population qui avait
eu au cours des siècles tant à souffrir des antisémites
qu'elle n'imaginait pas qu'elle pût connaître quelque
chose de plus terrible que ce que la mémoire collective lui
rappelait.

Or elle avait survécu, malgré tout. Donc elle survivrait
encore.

Il suffisait de baisser la tête, d'attendre que passe la vague
furieuse. C'était là l'attitude sage.

Pourquoi tenter le diable, renoncer à ces conditions de vie précaires mais tranquilles, choisir de s'enfuir dans la forêt, et attirer ainsi la persécution ?

L'illusion ici, chez mes frères juifs, se cachait sous un apparent réalisme, une certitude qu'ils avaient tirée d'une juste leçon de l'expérience.

J'ai essayé de leur parler. De leur raconter l'enfer que je venais de vivre. Ce que c'était que Treblinka, la chambre à gaz, les fosses de sable jaune. L'extermination.

Les sages m'ont d'abord écouté calmement, puis au fur et à mesure que je parlais, j'ai senti le trouble qui les gagnait. Et bientôt ce fut la colère qui, mêlée à une angoisse sourde, les emporta.

Ils se levèrent, disant qu'ils refusaient de m'entendre encore. Je n'étais qu'un provocateur, un fauteur de trouble, chargé de fournir aux Allemands un prétexte pour attaquer le ghetto et le détruire.

Si je ne partais pas, ils me dénonceraient, ils me livreraient. J'ai voulu dire quelques mots de plus. Ils se sont précipités sur moi, m'ont poussé dehors.

Et j'ai quitté le ghetto, sachant quel était le destin de ces familles, dont peut-être certaines auraient pu échapper à la mort si elles avaient fui comme je les pressais de le faire.

À chaque moment de ma vie, j'ai vu les hommes préférer ainsi l'ignorance et l'illusion à la lucidité et à la connaissance du monde vrai.

Il faut du courage pour garder les yeux ouverts. Il faut y avoir été incité depuis l'enfance.

Je remercie mon père de ne s'être jamais tu même s'il voulait nous protéger, nous ses enfants, de l'apocalypse qui venait.

Mais quand il a été persuadé que rien ne pouvait arrêter la marche à la guerre et donc la victoire des nazis sur la Pologne, et en conséquence le déferlement de l'antisémitisme dont nous connaissions la virulence par les récits de mon oncle, il nous a avertis.

Je me souviens de ce jour sombre où tonnait l'orage d'été au-dessus de Varsovie qu'écrasait la chaleur.

Mon père m'a pris les poignets, les a serrés.

« Tout peut arriver, maintenant, a-t-il dit. Il est possible que nous soyons séparés les uns des autres. Chacun de nous doit tout tenter pour survivre, surtout vous les enfants. C'est votre devoir sacré. Soyez sur vos gardes, toujours. Ne comptez que sur vous-mêmes. Vous allez être jetés parmi les loups. »

Il m'a embrassé.

« Je ne sais pas quand cela se produira, mais cela arrivera. Nous ferons face. Mais souviens-toi. Survivre. Ne compter que sur ses propres forces. Ne pas croire un seul mot de ce que dit l'ennemi. Pas un seul mot, Mietek. »

Ces phrases sont restées gravées dans mon esprit quand nous avons été occupés par les nazis, refoulés dans le ghetto, puis séparés les uns des autres.

Mon père m'avait appris la lucidité et le courage d'affronter le monde vrai.

Quel héritage plus précieux pouvait-il me léguer ?

C'est à mon tour de transmettre ce legs.

À mes enfants d'abord. À tous ceux qui ont écouté ma voix, quand, après l'incendie des Barons, et ma chute dans le gouffre du désespoir, j'ai commencé à parler et qu'ils m'ont répondu par milliers.

Il me faut parler parce que jamais la tentation n'a été aussi grande d'ignorer le monde tel qu'il est. Jamais le désir de fuite, et donc la lâcheté, n'ont été aussi répandus.

Ce corps – notre vie – est ainsi mordu, déchiqueté, persécuté par les monstres qui obéissent à Caïn. Ils sont comme d'énormes crabes aux pinces acérées. Nous ne savons pas comment leur échapper. Nous sentons bien qu'ils nous dévorent et qu'ils vont réussir à nous entraîner au fond, où ils nous achèveront.

Mais qui ose penser cela ? Imaginer cette fin tragique ? La disparition de l'espèce humaine parce qu'elle aurait à ce point pollué le monde qu'elle ne pourrait plus survivre. Ou bien qu'elle se serait conduite de façon si stupide qu'une guerre nucléaire ou biochimique aurait entraîné la mort de tous les hommes !

Alors, le corps dévoré par les crabes, empêtré dans le marécage de la réalité, on refuse de savoir.

On veut oublier la souffrance, la peur de l'avenir. Et on enfonce sa tête, sa pensée dans les illusions, on vit en rêve dans un monde virtuel. On ne veut pas savoir.

Comme jadis ne voulaient pas entendre ceux qui savaient qu'au bout de la voie ferrée il n'y avait que les chambres à gaz, les fosses et les crématoires.

Ce sont les drogues qui nous permettent d'échapper au monde vrai.

Elles ont la clé des songes. Elles semblent nous sauver alors qu'elles nous détruisent. Elles nous tétanisent. Et nous devons à chaque prise doubler la dose parce que sinon la cruelle souffrance, celle du vrai monde entrant en nous, serait d'autant plus insupportable que nous avons voulu la rejeter.

C'est pour cela que dès que nous entrons chez nous, nous appuyons sur la télécommande, afin que le Prince Médiatique nous aveugle.

Nous lui livrons nos enfants dès qu'ils se réveillent.

Nous lui abandonnons nos vieux parents, pour qu'il les endorme.

Nous nous précipitons dans ses bras dès que nous le pouvons.

Meurtres et jeux, sexe et argent, chansons et mièvreries, le tout scandé par des applaudissements programmés, voilà ce qu'il nous faut pour remplir notre tête, en chasser les problèmes du monde vrai, oublier, oublier les morsures des crabes de la réalité, toujours plus voraces.

Et si le Prince Médiatique ne suffit pas à nous arracher au réel, alors nous nous précipitons chez le médecin.

Nous voulons des calmants, des antidépresseurs, des excitants, des somnifères.

Jamais depuis l'origine des temps, nous n'avons à ce point consommé de drogues chimiques, pour nous évader, nous plonger dans le sommeil que notre peur a fait fuir.

Il est vrai que de tous temps, dans toutes les civilisations, les peuples ont usé de drogues, mâchonné de « l'herbe ».

Mais le plus souvent cette consommation était réservée à certaines cérémonies.

Il faut dire aussi que les peuples primitifs usaient de magie et de sorcellerie. Ils établissaient ainsi un alphabet rituel destiné à leur faire comprendre le monde vrai, la faune qui les entourait et dont ils avaient réussi ainsi à percer les secrets.

Ils maîtrisaient la nature puisqu'ils vivaient en elle et par elle.

Nous nous sommes coupés d'elle.

Nos médicaments ne cherchent pas à nous plonger dans le monde vrai afin que nous puissions le comprendre, le lire et l'utiliser en le dominant.

Nous recherchons des médicaments qui nous emportent loin du monde vrai.

Loin de notre souffrance, loin de notre corps, loin de nos insomnies, loin de nos peurs.

Loin des crabes dévoreurs de nos corps et de nos âmes.

Nous avons tant besoin de nous enfuir dans un monde virtuel que Prince Médiatique et Pharmacopée ne suffisent plus.

Nous ne voulons pas être obligés de savoir que nous piétinons dans un marécage dangereux. Alors les plus faibles, les plus angoissés – les plus jeunes – cherchent des moyens plus radicaux pour fuir.

Sait-on que le commerce des drogues dures est en progression constante ? Que les pays « développés », ceux où l'on croit dominer le mieux le monde vrai, ceux où, en apparence, les habitants sont les plus protégés, sont des consommateurs de plus en plus avides de drogues en tous genres ? Depuis celles qui apportent un regain passager de virilité jusqu'à celles qui nous font oublier que nous avons un corps.

Et des pays entiers se sont voués à cette culture des plantes d'où l'on tire la drogue.

La Colombie est l'une de ces nations gangrenées, où règnent le crime et la misère. Là se cultive ce qui tue.

L'Afghanistan, que le Prince Médiatique nous a présenté comme une nation redevenue libre, est la première puissance productrice d'opium. Et la drogue à partir de ce pays où les femmes sont toujours enfermées par leurs burkas inonde les pays d'Europe.

Qu'est-ce à dire ? Sinon que le monde vrai est insupportable et que, pour le fuir, on est prêt à engloutir toutes les substances qui nous transporteront dans l'illusion.

On se gave pour cela de ce que nous donne le Prince Médiatique. On perce ses veines avec les seringues infectées de la drogue la plus dure.

Mais fuir le monde vrai, c'est se suicider.

C'est préférer la mort à la lucidité et à la lutte.

C'est choisir Caïn contre Abel.

16
UNE MISSION SACRÉE

Le monde vrai commence pour chacun de nous par notre corps et notre esprit. La chair et l'âme.

C'est par eux que nous accédons à la connaissance, à la vérité du monde. C'est eux que nous devons d'abord regarder avec lucidité. Celui qui ne connaît pas son corps, qui n'ose pas l'observer, qui renonce à agir sur lui, celui-là jamais ne connaîtra la vérité du reste du monde.

Tout est donc intimement lié : connais-toi toi-même si tu veux connaître le monde.

Ceux – la majorité des hommes de notre temps – qui veulent vivre dans l'illusion, qui utilisent médicaments et drogues, et se vouent au culte du Prince Médiatique, ceux-là qui ignorent tout de leur corps, le nient, le manipulent, ne comprendront jamais les rouages du monde vrai.

Ils resteront donc des esclaves de Caïn. Ils ne domineront ni leur corps, ni leur esprit et, donc, ni les maladies, ni les pulsions.

Et l'humanité dont ils sont une des cellules vivantes sera à leur image, soumise à la loi du pire, recherchant dans le mensonge un remède contre l'angoisse qui la tenaille.

Je m'insurge contre cette abdication, cette lâcheté. Je veux dire à ceux qui m'écoutent qu'ils ne trouveront le chemin de la paix que s'ils ont le courage de la lucidité, la volonté d'agir sur leur corps et leur esprit.

Il faut d'abord commencer par accepter le temps qui marque inéluctablement le corps et l'esprit.

Quand je revois mes photographies d'il y a plus de trente ans au moment où je publiais *Au nom de tous les miens* et celles d'avant quand j'étais un lieutenant de l'Armée rouge, il y a... soixante ans ! je découvre avec étonnement cet homme jeune dont la peau du visage est si lisse !

Aujourd'hui je ne suis plus que rides !

Mais que m'importe, et que doit vous importer ce changement en vous s'il n'est que de l'apparence ?

Une ride, ce peut-être le sillon que laissent en nous l'expérience et la sagesse. Et ce qui compte c'est de savoir si le corps et l'esprit se sont enrichis de ce temps passé, s'ils ont transmuté les années écoulées en savoir, sans perdre la vigueur !

Voilà l'important.

Mais je vois autour de moi des hommes et des femmes que ces rides, ces cheveux blancs plongent dans l'angoisse.

J'apprends que le Premier ministre d'Italie a choisi de se soumettre à une opération de chirurgie esthétique.

Et je connais des proches amis qui, malgré mes avis, ont eux aussi voulu qu'on efface leurs rides, les poches sous leurs yeux, la peau qui tombe sous le menton.

Pourquoi pas me répondra-t-on ? Est-ce que je voudrais interdire aux hommes de lutter pour la beauté contre le vieillissement ?

Il ne s'agit pas de cela mais de refuser l'illusion qui est toujours mensonge et donc tromperie.

Je pense à l'une de mes amies qui vieillissait lentement, belle de sagesse, chaque ride ajoutant à son charme.

164

Je ne sais quelle angoisse l'a saisie. Ou à quelle volonté de séduire elle a cédé.

Elle a disparu durant un mois, et je l'ai revue, l'effroi dans le regard, le visage à la fois tendu et gonflé, répétant d'une voix étouffée : « Il m'a ratée. Je dois recommencer. Mais le nouveau chirurgien… »

Après un autre mois d'absence, je l'ai retrouvée rayonnante, peau lisse, yeux allongés, cou sans qu'aucun pli ne vienne en troubler la ligne.

Je l'ai déçue en ne m'étonnant pas de sa métamorphose. À mes yeux elle avait, d'une certaine manière, renié sa vie, et tout ce que celle-ci avait gravé sur son visage, se trouvait, en effet, effacé. Elle était presque une figure anonyme.

Il faut accepter son apparence. Ce qui ne signifie pas qu'il faut subir la déchéance de son corps.

Mais il y a plusieurs manières de combattre pour que la vigueur, l'élan, l'énergie, le désir ne s'émoussent pas.

On peut se comporter comme le propriétaire d'une voiture qui aurait usé d'elle sans se soucier des révisions et de l'entretien nécessaires et qui lorsque le moteur commence à tousser décide d'en changer.

C'est ainsi que je décris le comportement de la plupart des hommes.

Ils espèrent changer de corps.

« Tirez-moi la peau. Glissez de la silicone dans ma poitrine. Donnez-moi des médicaments qui gonflent mes muscles. »

Folle illusion ! Combien dureront ces mirages ?

Il faudra augmenter les doses, tirer un peu plus la peau.

Et viendra le jour où on ne pourra plus « acheter » une nouvelle pièce ou une « nouvelle voiture ».

Et on pourra consulter le chirurgien, augmenter sa prise de Viagra, sans retrouver ni séduction ni virilité. Et être tout à coup confronté à l'échec et à la solitude.

Les illusions tombent. Le mirage se dissipe.

Voici que l'on sent sur son corps les morsures des crabes. Et l'esprit bascule. On sombre dans la dépression. On veut briser les miroirs pour ne plus apercevoir son visage et son corps.

Le monde vrai, le corps tel qu'il est, imposent toujours, à la fin, leur réalité.

Il ne reste plus, pour l'ignorer, qu'à fermer définitivement les yeux.

Je me souviens d'Isabelle, l'épouse d'un architecte de Cannes. La première fois que je l'ai rencontrée, à l'occasion de l'une de mes conférences, j'avais cru qu'elle avait une trentaine d'années. Elle avait le corps élancé, le visage lisse, les cheveux blonds, la peau bronzée, le regard vif, le rire éclatant.

J'avais pourtant remarqué comme une fine fêlure dans son comportement. Elle avait paru décontenancée, lorsque, au lieu de m'attarder avec elle, de rester parmi les quelques hommes qui l'entouraient, je m'étais éloigné, ne paraissant pas avoir remarqué l'insistance avec laquelle elle me regardait et me félicitait.

Elle avait ri plus fort, comme pour attirer encore mon attention. Mais c'est sa voix précisément qui m'avait inquiété. Trop tendue. Je m'étais retourné. Il y avait trop de désinvolture dans ses gestes, de l'outrance dans ses attitudes.

J'ai appris à jauger d'un seul regard la valeur et les qualités d'un individu.

Je sais bien qu'un homme est complexe, qu'il peut surprendre parce que toute personne est libre, mais ç'avait été pour moi une nécessité vitale que de décider si je pouvais faire confiance à cet homme-là, ou au contraire me défier de lui.

Au ghetto, à Treblinka, dans les maquis et à la guerre, une erreur de jugement se payait de la vie.

Ce policier polonais, debout sur la plate-forme du tramway que j'empruntais pour rentrer et sortir du ghetto et transporter les marchandises que je vendais et qui, tout en me faisant vivre, sauvaient de la famine ceux que j'approvisionnais, allait-il me saisir par le col, me donner un coup de crosse pour me casser les reins, m'abattre, ou bien détourner la tête, faire semblant ne pas me voir ?

Je devais estimer, à chaque voyage, en un simple coup d'œil, si je pouvais sauter sur la plate-forme avec mes sacs, ou m'enfuir dans les ruelles.

Et là, devant le porche d'une maison, je devais savoir si je pouvais d'un regard solliciter de l'aide de ce Juif, et donc juger s'il était un homme de courage, ou au contraire, fragile, incertain, miné par le doute.

C'était le cas d'Isabelle.

Quelques années plus tard alors que je l'avais plusieurs fois croisée, toujours aussi éclatante, j'ai appris qu'elle s'était probablement suicidée.

On avait retrouvé sa voiture, au fond d'un ravin. Elle avait franchi le muret qui bordait la route. Et on avait découvert qu'elle avait absorbé, avant de prendre le volant, plusieurs médicaments, comme si elle avait voulu se donner toutes les « chances » de mourir.

J'ai écouté Daniel, son mari, me parler d'elle sur un ton désespéré, m'avouant qu'il avait toujours su qu'un jour Isabelle heurterait ainsi de plein fouet un obstacle.

Elle vivait dans la hantise du vieillissement. Chaque matin elle se dévisageait avec angoisse. Elle avait par trois fois déjà eu recours à la chirurgie esthétique. Et elle avait eu le sentiment que, malgré ses efforts, le temps avait écrasé ses griffes au coin de ses yeux, sur sa poitrine, sur sa taille.

Elle avait, au début de leur vie conjugale, refusé d'avoir un enfant. Trop jeune pour cela. Désir de voyager librement avec son mari, sans les contraintes de la maternité. Nuits de fêtes dans les grandes villas de la Côte d'Azur. Rien d'excessif. Mais une vie tout entière tournée vers l'extérieur, les apparences et la parade.

Puis la quarantaine venue – parce qu'elle avait près de cinquante ans quand je l'ai rencontrée pour la première fois, et lorsque j'appris son âge, j'en fus surpris tant elle paraissait juvénile – elle avait décidé de devenir mère.

Mais la vie fonctionne aussi comme un boomerang.

Les médecins qui l'avaient examinée avaient conclu à sa stérilité. Elle avait ri encore, refusé d'envisager une adoption, ou toute autre formule médicale qui lui aurait permis d'avoir un enfant.

Au fond, c'est mieux ainsi, avait-elle dit. Je vis très bien comme ça.

Elle s'était séparée de Daniel sans divorcer. Elle avait eu des amants plus jeunes qu'elle. Les hommes aux aguets ne manquent pas sur la Côte d'Azur. Elle avait vécu avec l'un ou l'autre. Le temps semblait n'avoir aucune prise sur son corps et sur son âme.

Et puis on avait retrouvé son corps dans sa voiture carbonisée. Suicide ou accident ? Tentation de la mort, qui l'avait fait jouer avec la vitesse, avec les drogues médicamenteuses ? Daniel n'avait pas été surpris.

Il fallait qu'elle change de vie. Elle le savait. Mais c'est comme si elle avait abordé un tournant trop vite. Comme si elle n'avait pas estimé qu'il s'agissait d'une courbe en épingle à cheveux. Et elle avait continué tout droit.

Toute vie mérite attention. Chaque existence porte en elle une leçon.

Je méprise ceux qui haussent les épaules et disent qu'il s'agit d'un destin banal, comme il y en a tant.

Toute vie est singulière. Chaque âme est un labyrinthe. Chaque personne, même la plus monstrueuse, contient un reste d'innocence et est, pour le croyant, une part, peut-être infinitésimale, de Dieu.

Isabelle a vécu trop longtemps en aveugle, dans l'illusion, allant de plus en plus vite comme si elle avait craint d'être rejointe par sa lucidité, par ce temps auquel elle savait bien ne pas pouvoir, à un moment de la route, échapper.

Alors elle l'a devancé, croyant choisir son moment, sa manière. Et je prie pour qu'elle n'ait pas entendu, à l'instant de sa mort, le ricanement satisfait de Caïn, lui disant :

« Tu vois, on se précipite vers moi sans que j'aie besoin de l'exiger ! On croit m'avoir oublié, et on ne pense qu'à moi, en fait. Je le sais. Alors je laisse faire. Je n'ai qu'à attendre. Plus on me fuit et plus on se rapproche de moi. »

Il faut, pour maîtriser sa vie, chaque jour se souvenir de la précarité des choses.

Il faut penser et peser chacun de ses actes.

Il faut savoir qu'ils s'accumulent comme des grains de sable et que, si l'on ne veut pas se laisser ensevelir, il faut évaluer chacun d'eux. Savoir où l'on en est de la hauteur du tas, avant de déposer les grains suivants.

Cela veut dire se soucier, chaque jour, de son corps et de son âme.

Non pas pour avoir recours à la chirurgie esthétique ou, afin de ne pas succomber au désespoir, à l'une ou l'autre des drogues, qu'elle soit dure, douce ou qu'elle se présente sous la forme d'un médicament.

Mais au contraire pour que l'âme et le corps vivent en harmonie, librement, sans artifices, sans illusions, sans mirages.

Lucidité, volonté, savoir, obstination, résolution, espérance sont les qualités qu'il faut faire naître et entretenir chaque jour.

Je me souviens de mon père qui, dès mon enfance, m'avait expliqué qu'il fallait accomplir avec rigueur les petites tâches quotidiennes pour être capable, un jour, d'affronter les grands défis de la vie.

Je n'ai pas oublié ses leçons, toutes simples, mais qui peu à peu forgent et éduquent la volonté.

Soins du corps, gymnastique, contrôle raisonné de ce que l'on mange : aujourd'hui tout cela paraît banal. Mais quand mon père me les enseignait, dans les années 1930, il était l'un des rares à se soucier de cet apprentissage de la maîtrise de soi.

Et il ne s'est pas passé de jour où je n'aie eu à l'en remercier.

C'est à lui que je dois d'avoir survécu au ghetto, à Treblinka, à l'incendie du Tanneron.

À lui que je dois, quand je suis arrivé aux États-Unis, ayant quitté l'Armée rouge, de ne pas m'être laissé griser par la liberté que j'éprouvais pour la première fois.

J'avais été privé de tout ce qu'elle contient : les mille chemins de vie qu'elle ouvre devant vous. Les jeux de toutes sortes, et les désirs qu'elle offre.

J'avais eu faim et soif : j'ai mangé et bu plus que de raison. J'avais vécu dans l'abstinence des corps et de la tendresse. Je me suis jeté dans les passions de la chair et de l'âme. J'ai eu le sentiment que tout était possible, puisque j'étais un survivant. Il me semblait que j'avais le droit de tout faire. Et que rien ne pouvait m'arrêter.

Je m'étais évadé de Treblinka et du ghetto, aucune force au monde ne pourrait désormais m'emprisonner.

Et tout à coup j'ai eu devant moi le vide, l'avenir comme une fosse immense où mon corps allait basculer, retrouver les corps de tous ceux que j'y avais enfoui lorsque j'étais l'un des membres du *Sonderkommando* de Treblinka.

Je suis resté plusieurs jours recroquevillé chez moi, accroupi serrant mes jambes entre mes bras, la tête sur mes genoux.

Je n'ai répondu ni à ceux qui venaient me voir ni à ceux qui me téléphonaient.

Je m'interrogeais douloureusement.

N'avais-je survécu – le destin ne m'avait-il retenu par la manche au bord de la mort – que pour jouir, au gré de ma fantaisie, de la vie ?

Était-ce pour cela que j'avais eu le privilège de survivre ? En quoi étais-je fidèle à la mémoire de tous ceux qui avaient succombé ?

J'ai eu la sensation que tout mon corps craquait.

171

J'avais les os douloureux. Les yeux brûlants. Le cœur qui s'affolait.

Je résume ces jours de tourmente qui se sont prolongés jusqu'à ce que je rencontre Dina, que nous décidions de nous unir, de donner la vie, afin que nos enfants continuent notre mémoire, et prouvent que la vie est plus forte que les bourreaux.

Mais une fois cette décision prise, j'ai vraiment découvert que chaque acte est un grain de sable qui vient s'ajouter à ce grand tas qui peut vous ensevelir.

Dina, selon certains médecins, ne pouvait avoir d'enfants. Et moi, mon corps était prisonnier de sa graisse, de son poids. Mon sang était épais, lourd de tous les alcools que j'avais bus.

Nous devions, Dina et moi, nous évader de ces prisons, de la stérilité, de l'impuissance, de nos corps malades.

Alors nous avons côte à côte commencé à nous battre pour franchir ces clôtures qui m'apparaissaient aussi hautes, aussi dangereuses que celles que j'avais réussi pourtant à passer, à Treblinka.

Certes, ce n'était pas la même tragédie.

Nous étions libres à New York. Nous étions jeunes. Dina avait cette beauté lumineuse que donne l'âme noble au visage et au corps.

Et cependant j'avais l'impression de me retrouver dans un camp.

Il y avait certains de nos proches qui nous invitaient au renoncement et essayaient de nous convaincre que la vie était si cruelle que c'était une chance de ne pouvoir avoir d'enfant.

Je hurlais, en moi, contre cette pensée sacrilège qui me désespérait.

Il y avait ces médecins que nous consultions, qui levaient les yeux au ciel quand, après leurs examens, nous les interrogions.

« Rien de grave, disaient-ils, mais rien à faire. »

Dina avait ceci et cela qui lui interdisaient de porter un enfant. Moi, ajoutaient-ils, j'étais usé, vieilli avant l'âge par ce que j'avais vécu et les débordements qui avaient suivi.

« Estimez-vous heureux, béni des dieux, concluaient-ils d'être dans l'état où vous vous trouvez. Il y a tant de situations pires, n'est-ce pas ? Et vous, monsieur Gray, vous avez survécu à l'enfer. N'en demandez pas trop. »

Je haïssais ces discours qui prétendaient être raisonnables, ces explications qui nous invitaient à nous soumettre, à accepter.

Je pensais à ces Juifs de Zambrow, qui refusaient de regarder le réel, d'agir, qui murmuraient « notre condition n'est pas si mauvaise. Ne bougeons pas, nous risquerions d'attirer la foudre sur nous ».

Restez comme ça, nous disaient de même les médecins.

Et ils nous prescrivaient des médicaments pour nous « calmer », parce que nous étions trop « tendus », « dépressifs ».

Ils nous prêchaient la passivité. Ils ne faisaient jamais appel à notre volonté, à notre désir de devenir autre, de donner la vie. À notre refus de renoncer, à cette immense énergie que je sentais en moi et que je m'efforçais de partager avec Dina.

Je me souvenais en écoutant ces médecins, en voyant s'entasser sur nos tables de nuit ces boîtes de médicaments – calmants, somnifères, vitamines – à mon père, qui m'avait répété :

« Tout, Mietek, tu entends, tout, dépend toujours de soi, de la volonté qu'on est prêt à mettre en œuvre pour obtenir ce que l'on veut. Les autres peuvent vous aider, mais si d'abord, on a fait l'essentiel du travail. Tout est entre tes mains, Mietek. »

Mais pas un seul médecin ne nous tint ce discours.

Ils s'en remettaient à la chimie des médicaments. C'est si facile de prescrire des pilules, de limiter son intervention à quelques lignes sur une ordonnance. Et cela – je le sais même si je ne m'y suis jamais laissé prendre – rassure le patient.

On ne lui demande aucun effort de volonté.

C'est si simple d'avaler un médicament. Et l'on continue à vivre comme on a vécu. Tout doit aller mieux, puisque par la magie de la chimie, les molécules vont faire le travail à votre place.

Il y avait aussi ceux qui nous conseillaient d'avoir recours aux psychiatres.

Cette thérapie était à la mode à New York.

Une fois, une seule fois, je me suis rendu chez l'un de ces hommes qui jouaient un rôle de gourou.

Un geste pour m'accueillir, un autre pour m'inviter à m'asseoir, un troisième pour m'inciter à parler, à raconter.

J'ai dit quelques phrases. Puis j'ai eu honte de m'en remettre ainsi à un autre, pour que, en lui confiant ce que je ressentais, en dénouant ces sentiments, ces idées, ces souvenirs qui m'entravaient, je me libère.

Étais-je à ce point devenu impuissant ?

Fallait-il que mon corps, mon âme, mon sang soient alourdis, encombrés de miasmes pour que je ne puisse bondir, au-dessus de ces grilles que j'avais laissées s'élever autour de moi, en moi, et qui m'emprisonnaient comme elles emprisonnaient Dina. Je me suis levé, lisant dans les yeux du psychiatre l'étonnement.

Il a fait un dernier geste et je lui ai tendu les quelques billets qu'il allait me réclamer.

Car ces médecins, ces conseillers silencieux incapables de m'aider, et dont je percevais l'indifférence, louaient cher leurs services, vendaient leurs ordonnances, leur silence, leur passivité, leurs flatteries.

Fallait-il payer des illusions ?

Mais surtout j'éprouvais, au moment de leur tendre ces billets ou ces chèques, une sorte de gêne.

Ils avaient droit pourtant à ces honoraires. La médecine était leur métier. Ils avaient acquis leur titre après plusieurs années d'études. Et toute activité, dans nos sociétés, mérite salaire.

Et cependant, ils ne vendaient pas comme moi des meubles anciens. Ils tenaient entre leurs mains le corps et l'âme des hommes. Ils faisaient commerce de santé.

Et c'est cela qui me gênait.

Ils n'étaient pas plus avides que d'autres marchands. Mais leur marchandise, c'était le savoir sur l'homme, la capacité de soulager des souffrances. Et j'aurais aimé rencontrer plus souvent des hommes désintéressés ! Qui auraient certes cherché à gagner leur vie. Mais dont la préoccupation généreuse et altruiste eût dominé toutes les autres.

Ils existaient.

Je me souvenais de cet homme aussi grand que les plus grands, le docteur Korczak qui, dans le ghetto de Varsovie, avait choisi, sachant où allait le conduire sa décision, d'accompagner les enfants qu'il recueillait et soignait vers le train de la mort, auquel il aurait pu peut-être échapper.

Mais son devoir d'homme et de médecin lui avait dicté cette conduite car il voulait éviter aux enfants dont il avait la charge l'angoisse de se retrouver seuls face aux bourreaux et à la mort.

Cet homme-là, auquel je pense si souvent, vivait sa fonction comme une mission sacrée.

Et il me semblait que tout médecin aurait dû, même à un moindre degré, ressentir cela.

S'occuper des hommes n'est pas une activité comme une autre. Veiller sur leur vie doit être un sacerdoce.

Mais la logique de la société est implacable. Et l'argent en est un puissant ressort.

Alors, chacun de nous, et les médecins comme nous, essaie de « s'arranger », de passer un compromis avec ses exigences contradictoires, les unes nous dictant le dévouement, le désintéressement, les autres l'âpreté au gain, la recherche du profit maximum.

C'est comme si chacun de nous essayait d'associer, en lui, Abel et Caïn.

Tâche difficile, peut-être impossible, alliance inégale, car toute société tend à faire de Caïn son roi.

Ainsi les médecins que Dina et moi rencontrions, je les devinais sensibles aux conseils des laboratoires pharmaceutiques qui les comblaient de notices vantant les médicaments et de cadeaux.

Et ces laboratoires n'étaient que de grandes entreprises obéissant aux règles de toute entreprise : rentabiliser au plus vite et au plus haut les investissements.

Chercher des médicaments pour les maladies les plus répandues dans les pays où les patients peuvent les acheter et se soigner.

Négliger les maladies rares, donc peu rentables à traiter, alors que découvrir la molécule qui peut les combattre ouvrirait peut-être un champ pour d'autres recherches dont les résultats permettraient de soigner d'autres maladies.

Et ils cédaient aussi à cette volonté de fournir des « médicaments de confort », utiles pour soulager la souffrance mais qui favorisaient l'illusion de la guérison, et rendaient le malade passif et dépendant.

Dina et moi, nous allions donc ainsi de médecin en médecin.

Ils me déclaraient en bonne santé et pourtant mon estomac, après chaque repas, brûlait et j'avais l'impression qu'il se contractait et se tordait comme un poulpe dont les tentacules se seraient insinués jusque dans ma gorge et mon bas-ventre.

J'avais envie de vomir.

On me conseillait des poudres, des pastilles.

À Dina, on suggérait une intervention chirurgicale. Comme si le corps humain était une machine dont on pouvait retirer un rouage.

Comme j'incitais Dina à refuser, le chirurgien me traita de rétrograde au comportement criminel.

Il m'accabla de reproches et, finalement, Dina et moi acceptâmes de fixer la date de l'opération.

Je devins insomniaque.

J'imaginais le corps de Dina, blessé par les scalpels.

J'étais sûr que toute opération était un traumatisme profond qui, en chaîne, s'il éliminait un symptôme de la maladie, en provoquait d'autres, et créait d'autres maladies peut-être plus graves.

C'est alors que, comme un dernier recours, nous avons rencontré deux médecins différents des autres, les docteurs Gross et Shelton.

Ces hommes-là m'ont aussitôt fait penser au docteur Korczak. Ils nous ont dit : « Cela dépend de vous. »

Il s'agissait de nous convertir à une vie différente. Et cela exigeait un grand effort de volonté. Il fallait adopter une « hygiène naturelle » : devenir végétarien, et commencer par nettoyer son corps par un long jeûne sous surveillance médicale.

« Tout dépend de vous », ont-ils répété.

J'ai aimé les paroles des docteurs Gross et Shelton. Il me semblait que je les attendais depuis des mois. J'ai senti que je n'étais pas pour eux un simple nom, une maladie, et que Dina n'était pas une jolie jeune femme de plus qui voulait un enfant.

Nous étions deux personnes, avec notre histoire, nos désirs et nos craintes. Et notre énergie.

Avant de nous conseiller, ils avaient bavardé avec nous, sans se soucier de ce qui à d'autres eût paru du temps perdu ! et donc des revenus diminués.

J'ai parlé avec le docteur Shelton, d'Icchak Cukierman, le commandant en second de l'insurrection du ghetto de Varsovie. Ce héros, cet homme de courage et d'idéal, avait survécu, et en Israël il avait fondé le kibboutz des combattants, Lohamei Haghettaot. Shelton le connaissait et chaque mot prononcé à propos de cet homme auprès de qui j'avais combattu nous rendait plus proches.

Nous partagions des mémoires.

J'étais un homme avant d'être un malade. Et Dina une femme.

Nous avons l'un et l'autre choisi de jeûner, de nous convertir à l'Hygiène Naturelle, enthousiastes qu'enfin on fasse appel à notre esprit, à notre volonté de prendre en charge notre corps.

Je raconterai cette mutation de nos corps et de nos âmes. Le sentiment de légèreté, de souplesse, de joie charnelle qui a commencé à nous habiter.

C'en était fini de l'opération chirurgicale de la thyroïde de Dina. Nous renaissions, nos peaux plus lisses, nos corps amaigris, notre énergie plus grande.

Et Nicole, notre premier enfant est né.

Le seul problème que Dina rencontra fut qu'elle avait trop de lait, comme s'il y avait là la preuve que nous avions retrouvé la source de notre vie !

Jamais je n'avais connu un tel bonheur.

17
JE SUIS UN DÉMINEUR

Ce bonheur, ces vies qui m'étaient plus précieuses que la mienne, celles de Nicole, de Suzanne, de Charles, de Richard, mes enfants, mes soleils, et de Dina, leur mère, mon cœur du monde, pourquoi a-t-il fallu que l'incendie les détruise ?

Je ne cesse, alors que plus de trente ans sont passés, et alors que d'autres soleils sont nés, mes quatre enfants, de m'interroger, de m'accuser.

Et j'ai souvent le sentiment que ma famille et ceux de mon peuple disparus dans l'enfer du ghetto et des camps d'extermination et celle que nous avions créée, Dina et moi, se sont rejoints.

Que tout se confond dans la même douleur, que ce n'est qu'une immense plaie que je porte.

Que je suis Abel, et que Caïn s'acharne sur mon corps et mon âme sans parvenir à m'achever, car au fond de moi j'ai l'espoir comme certitude.

L'avenir arrachera Abel aux crocs du premier meurtrier. Le règne de Caïn doit finir.

Et cela ne sera que si en nous nous remportons la victoire contre lui.

J'avais, guidé par les docteurs Gross et Shelton, commencé cette bataille qui se livre dans le corps, mais qui est d'abord l'œuvre de l'âme.

Nous avions donc jeûné, Dina et moi, pour nous purifier, nous débarrasser de ces graisses, de ces toxines qui s'étaient accumulées en nous et qui donnent naissance aux maladies de la chair et de l'esprit.

J'avais perdu près de vingt kilos, sous surveillance médicale quotidienne.

Ma langue les premiers jours était épaisse, comme recouverte d'une couche de plâtre. Puis peu à peu, dans la faiblesse que provoque le jeûne et l'amaigrissement, j'avais, comme dans un feu dont on écarte les cendres, senti jaillir en moi une flamme vive, bleutée, joyeuse qui crépitait.

Et quand, après trente-huit jours de jeûne, le docteur Gross m'a apporté le premier jus d'orange, j'ai eu l'impression à l'intérieur de mon corps que la flamme porteuse d'une énergie immense s'épanouissait comme une fleur lumineuse.

Et jamais, savourant ce jus de fruit, il ne m'avait semblé goûter un tel nectar, dont j'appréciais toutes les nuances du goût.

Dina avait éprouvé les mêmes sensations.

Nous nous sommes ainsi convertis à une autre façon de vivre.

Mais j'ai voulu aller au-delà de mon expérience vécue. Il ne s'est pas passé de jour, depuis un demi-siècle, que je ne prenne connaissance des travaux concernant notre santé.

Le patrimoine des hommes m'émerveille. Je lis les livres avec respect et passion. Là sont des réflexions et des vies et j'ai fait des recherches et études approfondies et quand une université américaine me décerne son titre de docteur, je sais que je dois cela à ces auteurs, ces pionniers de l'Hygiène Naturelle, qui m'ont transmis leurs connaissances.

Mais en même temps, je suis effrayé par nos errements.

Depuis Hippocrate, le premier des médecins – et avant lui avec les guérisseurs de la préhistoire – que d'illusions, que d'erreurs, que de chemins ne conduisant qu'à des impasses.

On dénombre plus de sept mille médicaments. Et pourtant les maladies se multiplient.

Que soigne-t-on ? Les symptômes.

On crée un vaccin contre la grippe, alors que celle-ci ne se déclenche que parce qu'elle couve dans un organisme qui ne peut se défendre, l'endiguer, parce qu'il est épuisé à digérer ce que nous engloutissons, sans mesure, sans réflexion.

C'est pour cela que j'ai cherché à comprendre, peut-être même un jour rassemblerai-je dans un livre ce que j'ai appris, à savoir que tout dépend de ce que nous avalons sans discernement.

Certes, nous n'échapperons pas à notre destin, c'est-à-dire à la mort. Mais nous vivrons sains plus longtemps. Nous resterons l'esprit clair, la mémoire agile, les muscles du corps tendus ! Nous ne serons pas dépendants.

Je suis ainsi l'apôtre de cette grande révolution-là, celle de l'Hygiène Naturelle qui changera notre manière de vivre le monde, qui crée une sorte d'écologie de l'alimentation, qui nous évitera de nombreuses maladies, l'obésité, l'envahissement de notre esprit par ces graisses qui nous étouffent.

Je dis seulement ce que j'ai appris, me réservant de crier un jour ces vérités-là. Et je veux essayer, en transmettant cette expérience et ce savoir, de faire réfléchir.

Et je le dis : je me suis senti depuis ce premier jour de jeûne qui a été pour moi comme une deuxième naissance, allégé, épuré, ouvert au monde, fraternel envers les autres formes de vie.

Car comment chasser Caïn, si l'on continue de saccager et de tuer ? Si nous dévorons chaque jour des cadavres ?

Écrivant cela, je veux choquer.
Je veux crier ma conviction.
Il y a un équilibre du monde à préserver si nous voulons ne pas être entraîné dans une apocalypse.
Et il n'y aura plus d'arche de Noé.

Or le péril est là. Tout proche.
Je regarde autour de moi, et je vois des enfants, des femmes, des hommes qui avancent, difformes, marchant avec peine tant leur corps est lourd.
Quel symbole que cet alourdissement des hommes, que ces obèses dont le nombre se multiplie chaque année !
Lorsque je croise ces jeunes filles, ces enfants, dont les couches de graisse enveloppent les hanches, les cuisses, la poitrine, je souffre.
Ils sont la preuve que nous vivons à contre-vie.
Ils sont, sous la graisse qui les étouffe, le poids qui les écrase, comme un abcès de fixation où se concentrent toutes les erreurs, tous les crimes que nous commettons contre la nature, contre les espèces, contre l'hygiène naturelle.

Regardez ces obèses.
Leur chair flasque a surgi des engrais chimiques dont nous chargeons la terre pour qu'elle produise plus.
Dans leurs bourrelets de graisse qui les rendent difformes, il y a la nourriture que l'on donne au bétail, ces farines animales faites de cadavres broyés avec lesquels nous avons nourri nos troupeaux, et qui ont donné naissance à la maladie de la « vache folle ».

Mais c'est nous qui sommes fous d'avoir transformé, pour produire plus vite de la viande, les herbivores en carnivores.

N'est-ce pas là la contre-vie ?

Souvent, quand je pense à mes enfants, les morts et les vivants, mes neufs soleils, je suis saisi par la révolte et le désespoir.

J'ai l'impression de les avoir poussés dans un immense abattoir. Car à ces instants-là, le camp d'extermination que j'ai connu, Treblinka, ne m'apparaît que comme la forme la plus extrême, la plus barbare de cette boucherie criminelle dans laquelle nous avons transformé le monde, le règne végétal et animal, renversant les lois naturelles, modifiant les espèces, aveuglés par notre puissance et notre technique.

Et puis vient le moment où tout se dégrade, où il faut supporter les conséquences de nos actes.

L'air que nous respirons est vicié.

Le climat bouleversé.

On meurt de la canicule dans les contrées tempérées de l'Europe.

Les épidémies se répandent dans ces espèces animales que nous avons domestiquées, enfermées, martyrisées, comme si ce n'était pas aussi des vies, dont nous abusons.

Car nous sommes, à l'égard des espèces vivantes, des bourreaux, des Caïns.

Avez-vous vu ces bovins parqués, nourris de cadavres ?

Et ce fut la maladie de la vache folle.

Avez-vous vu ces poulets, ces millions de volatiles, encagés dans ces immenses hangars ?

Et c'est la grippe aviaire.

Et les virus passent de l'espèce animale à l'espèce humaine. Parce que toutes les formes de vie sont liées les unes aux autres. Et on ne peut martyriser, dénaturer les uns, sans qu'au bout de la chaîne l'homme soit atteint.

Cet obèse qui trébuche, il se nourrit de viande graisseuse découpée sur un animal emprisonné, nourri artificiellement, gavé de chairs mortes, de carcasses broyées.

Cet enfant essoufflé, sa poitrine écrasée par son poids, il avale, agenouillé devant le Prince Médiatique, des sucres chimiques, qui vont s'agglutiner dans son organisme.

L'homme dans cette contre-vie est un grand collecteur, un appendice où se répandent toutes les impuretés dont nous avons chargé les autres espèces.

L'enfant est devenu le symbole souffrant de notre civilisation malade.

À un bout du monde, l'enfant squelettique, au visage émacié, qui vit dans une nature désertifiée et, à l'autre bout, l'enfant obèse, dont les yeux seuls bougent, pour suivre sur un écran les spectacles que lui inocule le Prince Médiatique et qui empoisonnent son esprit, cependant que son corps est étouffé par la graisse.

Comment ne pas hurler ?

Le monde est-il voué à devenir cet élevage d'hommes malades ? Nourris comme des poulets en batterie, des porcs et des bovins qui ne voient jamais la lumière du jour et ne savent plus ce qu'est un champ d'herbe naturelle ou de blé ?

Je me suis révolté contre cette folie.

J'ai jeûné, cette pratique simple que toutes les religions, depuis l'origine du monde, enseignent.

Il ne s'agit pas, par un traitement médical – des pilules dites « coupe-faim », des médicaments encore ! – ou un régime alimentaire, de perdre du poids durant quelques jours, et de le reprendre les semaines suivantes. Puis de renoncer persuadé qu'il n'y a « rien à faire ».

Il s'agit de changer de mode de vie. Et ce n'est pas facile parce que toute la société, malgré ses discours, roule de plus en plus vite dans la mauvaise direction.

Alors il faut faire appel à sa volonté.

Choisir de préférence à la viande et aux graisses les légumes et les fruits.

Il faut lire les études sur la combinaison des aliments au cours d'un repas. Savoir par exemple qu'il faut manger un fruit sans l'associer à d'autres aliments si l'on veut qu'il ne pèse pas sur la digestion ; le consommer non pas en fin de repas, mais au début. Car le fruit se digère dans l'intestin et pas dans l'estomac. Consommé après un repas, il reste bloqué dans l'estomac trois à quatre heures et, ne pouvant passer dans son lieu de digestion, il fermente, il putréfie des aliments engendrant des poisons, des gaz, des toxines, donc des maladies.

Qui nous enseigne cela ?

Ne devrions-nous pas apprendre ces bases essentielles à l'école ?

Il faut savoir aussi que le mélange au même repas des différents types d'hydrates de carbone, de graisses et de protéines nuit grandement aux cellules digestives. Que l'ingestion d'aliments farineux détermine une sécrétion gastrique d'espèce différente de celle que réclame l'ingestion d'un aliment protéique.

Mais quel médecin nous l'enseigne ?

Qui, dans notre société, nous apprend à prêter attention à la combinaison des aliments ?

Qui nous inculque de ne pas mêler indistinctement nos aliments et de ne rien manger au hasard ?

Il y a pourtant de nombreux physiologistes réputés qui, après de longues et patientes recherches, ont démontré que la digestion des amidons et des protéines se situant en milieux opposés – les amidons en milieu alcalin et les protéines en milieu acide –, ces deux types d'aliments ne devraient certainement pas être pris au même repas, par exemple manger notre steak (protéines) avec des frites (amidons).

Est-ce vraiment un sacrifice de vouloir remplacer des frites par des légumes pour accompagner notre viande ? Sachant pertinemment que se nourrir sainement ne peut qu'améliorer notre santé.

On n'insiste pas assez sur l'importance d'une bonne digestion pour notre santé. Non seulement une digestion médiocre ne fournit pas au corps les matériaux nécessaires à l'élaboration et au maintien de l'intégrité sanguine, mais les tissus insuffisamment nourris produisent des quantités de malaises digestifs : ces malaises accompagnent l'altération progressive de la fonction digestive. Sans vouloir dresser ici la liste exhaustive, je mentionne les plus connus : gaz, éructations, aigreurs, ulcères, douleurs abdominales, insomnies, empâtement de la langue, perte d'appétit, constipation, fatigue, nervosité, etc.

En observant les règles de combinaison, vous améliorez votre digestion et par conséquent le rendement général de toutes les fonctions vitales et vous obtiendrez ainsi de très grands et nombreux avantages. Cette pratique judicieusement appliquée aura principalement pour effets : d'alléger

le travail ardu de la digestion, de diminuer considérable-
ment et parfois d'éliminer la fermentation et la putréfaction
gastro-intestinale, et conséquemment de réduire la toxémie
et nos nombreuses maladies.

Essayez ! Tentez de retrouver une hygiène naturelle. De
résister à cette excitation qui pousse à se suralimenter et
conduit à la prise de poids, à cette difficulté de se mouvoir
qui transforme des centaines de milliers d'hommes – des
millions sans doute – en ces masses de graisse aux yeux
las.

Je ne peux pas accepter que des enfants aient ce regard-là,
qui fait penser à celui des animaux passifs – qu'on destine
à l'abattoir. Et je lis dans leurs yeux exorbités le désespoir.
Je me suis toujours dressé contre ceux qui veulent emprisonner l'homme, le réduire en esclavage.
Certes, la servitude d'aujourd'hui n'équivaut pas à celle
que j'ai connue sous les nazis et dans l'Armée rouge.
Mais nos maisons ressemblent trop souvent à des cellules, où des enfants gavés sont parqués, inactifs, la chair et
l'âme empoisonnées.

Et je dis qu'il faut une révolution pour changer leur vie.
Non pas l'un de ces bouleversements politiques que l'Histoire a connus et qui, quelles que soient les utopies généreuses de ceux qui les conduisaient, n'ont rien modifié dans
les mœurs des hommes.

Caïn peut porter un uniforme noir ou rouge, il reste Caïn.

Il faut une révolution dans le rapport de l'homme à la
nature et à son corps. Et si elle a lieu son âme changera.

Il s'agit donc pour chacun de nous de mettre un grain de sable dans l'engrenage, de résister à la rotation de cette grande machine qui nous entraîne, sans jamais s'interroger sur la route qu'elle suit et sur ce qu'il y a au bout de ce chemin.

Je ne veux pas qu'il conduise à une immense fosse commune. Alors j'écris et je crie.

Je suis ainsi fidèle à mon père, à tous les miens disparus, enfants du ghetto ou mes enfants, brûlés. Et vivre ainsi, emporté par une cause juste, en essayant de maîtriser son corps et son âme, donne de la force et de la joie.

J'ai plus de quatre-vingts ans. Je me nourris essentiellement de fruits et de légumes mais nous mangeons de tout au sein de ma famille, j'aime la bonne cuisine variée et nos amis apprécient nos repas gastronomiques préparés par Béatrice. Mais nous veillons à la combinaison des aliments qui consiste à éviter dans la composition des repas certains mélanges. Car l'estomac de l'homme n'est pas constitué pour pouvoir digérer sans peine toutes les combinaisons imaginables d'aliments.

J'ai banni l'alcool et le tabac.

Mes drogues, mes excitants, c'est en moi que je les trouve. Ils s'appellent joie d'aimer, joie de veiller sur mes enfants et ma femme. Joie de bâtir, de restaurer des œuvres d'art, joie d'interpeller les hommes, de les avertir.

Et je ne veux pas être Cassandre, celle qui savait, qui alertait les habitants de Troie et qui n'était pas entendue.

Je veux être écouté, je veux réussir à déplacer un peu l'ordre des choses, qui semble implacable et immuable.

Je ne peux accepter que près de moi on tue, on assassine.

Je me suis souvent rendu avec l'un ou l'autre de mes fils, il y a des années pour le plus âgé, il y a quelques semaines pour les plus jeunes, sur un stade, pour voir les enfants jouer au football.

J'ai vu d'autres jeunes gens, en Belgique ou sur la Côte d'Azur, chaque fin de semaine, revêtir un maillot et s'élancer à vélo sur les routes, à la poursuite de leur rêve de devenir champion.

Et puis, j'ai vu l'un de ces jeunes gens s'effondrer au milieu d'une partie, et un autre tomber dans le fossé qui longe la route. L'un est mort, l'autre a survécu par miracle.

Mais combien sont-ils qui se détruisent, broyés par la machine qui, sous le masque de l'attrait du sport, veut le succès et l'argent, vite, la gloire immédiate ?

Ces jeunes hommes, ces sportifs, sont comme ces animaux auxquels on injecte chaque jour des produits chimiques pour qu'ils engraissent rapidement, pour qu'on puisse, après quelques semaines – parfois quelques jours – les abattre, les dépecer.

Que mange-t-on quand on découpe sa part de viande dans un de ces « fast-foods » – où il faut aussi engloutir vite, en quelques minutes –, une pièce de bœuf ou une ration d'hormones ?

Et quand on applaudit un champion sur un stade ou sur la route, qui acclame-t-on, un homme ou un produit fabriqué pour les matchs et la course, un malheureux dopé, qui se détruit sous nos yeux en imaginant assurer son avenir et sa fortune ?

Je ne peux accepter de me taire devant ce que je vois, ce que je devine des dangers qui guettent tous les hommes et de ceux qui s'amoncellent sur mon peuple.

Parce qu'il faut toujours et encore tuer Abel pour que Caïn puisse régner sans partage.

Je sais bien qu'il est difficile de changer le cours des choses.

Mais quoi, le destin m'aurait-il sauvé pour que j'accepte le pire sans tenter de l'empêcher quand je le vois venir, qu'il est déjà là ?

Il est ce sportif tué par les drogues.

Il est cet enfant obèse.

Il est cet enfant squelettique.

Il est cet enfant qui mendie.

Il est cet enfant qu'on torture.

Il est cet enfant amputé parce qu'il a marché sur une mine.

Il faut déminer le monde.

Et je veux être l'un des démineurs.

18
LES DEUX PROFILS DE CAÏN

Mais le monde entier est une mine qui peut exploser. On entend sans que cela fasse dresser les cheveux sur la tête des hommes politiques qu'un État comme le Pakistan dispose de l'arme atomique.

J'ai dit déjà que le savant qui en est le père déclare avoir vendu les secrets de la fission nucléaire à d'autres États ! Mais cet aveu, cette faute sont pardonnés par le président du Pakistan. Il n'ose pas condamner ce savant, héros et idole des islamistes – « Père de la Patrie » – protégé par les services secrets de l'armée de son pays.

Nous continuons cependant à vivre en aveugles, comme si les périls n'existaient pas, alors qu'il y a de par le monde sans doute plusieurs milliers – peut-être des dizaines de milliers – d'hommes et de femmes prêts à faire exploser leur corps, à l'utiliser comme une arme pour disloquer notre civilisation.

Quand l'un d'eux déclenche ses explosifs au milieu de la foule, à Moscou ou à Tel-Aviv, quand les trains explosent à Madrid, nous avons un instant de lucidité. Nous comprenons combien nous sommes vulnérables.

On peut faire sauter nos centrales atomiques.

On peut empoisonner nos sources d'eau potable.

On peut répandre un gaz toxique dans les couloirs du métro.

On peut faire exploser les avions et faire sauter les voies ferrées.

Notre civilisation est un organisme complexe.

Il suffirait qu'un pirate informatique pénètre certains sites pour que, malgré les précautions, des millions de données, indispensables à la marche de l'économie, à la finance, au transport de l'énergie soient effacées.

Je le crie : le chaos nous guette. C'est miracle qu'il ne se soit pas déjà produit.

Je veux répondre aux optimistes béats, à ceux qui vont sûrement m'accuser de catastrophisme.

Dans les années 1910 ou dans les années 1930, ceux qui prédisaient la guerre prochaine n'étaient pas entendus.

Et cependant les guerres ont eu lieu.

Elles ont entraîné la mort de dizaines de millions d'hommes.

Elles ont provoqué une « brutalisation » de nos mœurs collectives.

Les hommes, entre 1914 et 1918, ont appris à tuer en masse. Non seulement à embrocher, à égorger comme cela se pratiquait depuis l'origine de l'Histoire, mais aussi à utiliser les moyens techniques et chimiques les plus « productifs » en cadavres !

À la mitrailleuse, au mortier, aux mines se sont ajoutés les bombardements aériens et l'utilisation des gaz toxiques.

La création des « chambres à gaz » a été rendue possible par l'usage des gaz sur les champs de bataille de la Première Guerre mondiale !

Gazer des milliers d'hommes, les aveugler à l'hypérite, au chlore, au gaz moutarde, avait été décidé par des officiers qui imaginaient faire leur devoir.

Alors, gazer des Juifs, cela a paru « rationnel », efficace. Normal.

Et les abattre à la mitrailleuse, banal, puisque des milliers d'hommes étaient tombés, en 1916 ou 1917, pour conquérir quelques dizaines de mètres de terrain !

Comment pourrais-je ne pas être blessé par la situation du monde aujourd'hui alors que des millions parmi les miens ont été exterminés par un régime nazi, surgi des conséquences de la Première Guerre mondiale ?

L'Histoire n'est pas pour moi un mot abstrait, un objet d'étude. C'est ma chair, ma souffrance, ma vie.

Et j'ai été placé par le destin au carrefour de ces régimes totalitaires, criminels, qui se sont tendu la main en août 1939, par-dessus la Pologne, pour la dépecer et s'allier, et ainsi permettre à la Deuxième Guerre mondiale d'éclater.

Qui peut faire la comptabilité exhaustive des souffrances nées de cette entente entre le régime nazi et le régime communiste ?

De cela aussi j'ai été le témoin.

J'ai subi la loi des bourreaux nazis dans le ghetto de Varsovie et à Treblinka, et ensuite officier de l'Armée rouge, j'ai peu à peu découvert ce qu'était le pouvoir communiste.

J'ai évoqué cela.

Il y a plus encore, car chaque moment de ma vie – c'est ainsi – est plus dense, plus intense qu'un roman.

J'étais devenu citoyen des États-Unis. J'avais créé à New York un commerce d'objets d'art et d'antiquités entre l'Europe, l'Amérique, Cuba et le Canada, avec des succursales à La Havane, Montréal et Toronto.

J'ai ainsi fait fortune. Je faisais des voyages fréquents en Allemagne et je me rendais notamment à Berlin. La ville était partagée en deux. Naturellement, je ne me rendais pas dans le secteur soviétique, mais les habitants de l'Allemagne de l'Est venaient clandestinement dans le secteur allié. Ils connaissaient les privations et vendaient des objets d'art, notamment de la porcelaine de Saxe. J'avais souvent le cœur serré en pensant à ces familles – dont certains membres avaient peut-être été des nazis – qui étaient contraintes de se séparer de ces souvenirs.

J'en ai encore plus haï la guerre et les systèmes politiques qui avaient conduit à son déclenchement.

Un jour j'ai appris par l'un de mes correspondants berlinois que la maison de l'ancien Gauleiter nazi de Pologne, Hans Frank, après avoir été libérée par les militaires anglais qui l'avaient occupée au titre des armées alliées, était en vente.

J'ai été aussitôt emporté par le désir d'acheter cette maison et, sans l'avoir vue, je suis devenu propriétaire de ce lieu symbolique comme la revanche d'Abel sur Caïn.

Lors de mon voyage suivant en Europe, je me suis rendu dans ce quartier de Berlin Grunewald, et j'ai découvert cette belle bâtisse au n° 6 de Spohrstrasse, conçue par l'architecte renommé Breuhaus.

J'ai retrouvé récemment les papiers de cette transaction. Et je me suis souvenu de l'un des intermédiaires, un homme maigre et chauve aux yeux brillants, qui avait tout fait pour que je réussisse à acheter la maison.

L'affaire conclue nous avons dîné ensemble, et il m'a parlé une partie de la nuit, me racontant comment il avait quitté l'Allemagne en 1934, échappant à la Gestapo qui le traquait comme Juif et communiste.

Il avait, après un bref séjour en France et en Suisse, réussi à gagner l'URSS. On l'avait employé à Moscou dans les services de l'Internationale communiste. Il logeait à l'Hôtel Lux où il avait retrouvé de nombreux Allemands exilés.

Puis au fil des mois, il les avait vus disparaître, les uns après les autres, arrêtés par la police soviétique dans la grande vague d'épuration et de persécution des années 1936-1938.

Lui-même avait été déporté dans un camp de l'extrême nord russe.

À la fin de l'année 1939, on l'avait, avec quelques autres Allemands détenus, conduit jusqu'à la frontière russo-polonaise.

Il avait vu, sur le pont qui séparait les deux pays, des officiers soviétiques et des officiers allemands se saluer cérémonieusement.

Et les Russes avaient remis les antinazis à la Gestapo. Celle-ci les avait conduits jusqu'au camp de Buchenwald. Les femmes qui se trouvaient avec eux avaient, elles, été enfermées dans le camp de Ravensbrück.

« C'est cela que nous avons vécu, avait murmuré l'homme. D'un camp à l'autre, du communisme au nazisme. Et l'antisémitisme dans l'un et l'autre régime. »

Il avait levé son verre.

« Pourtant, j'ai survécu. Et vous, vous venez d'acheter la maison du Gauleiter Frank. Mais la plupart d'entre nous ont été assassinés. »

Cette nuit-là j'ai compris ce qu'avaient de barbare et d'odieux les régimes totalitaires, noirs et rouges.

Chacun d'eux n'était que l'un des profils du visage de Caïn.

Profil gauche, profit droit : et l'hypocrisie, le mensonge et le crime pour raison d'être.

J'ai mesuré alors ce que je devais aux États-Unis, aux démocraties d'Europe.

Elles n'étaient pas parfaites, loin s'en faut.

L'inégalité y régnait. Et le racisme y était toujours présent.

J'avais découvert aux États-Unis qu'il y existait une échelle des races : le Noir, le Portoricain, l'Asiatique, le Latino-Américain, le Juif et, au sommet de la pyramide, l'Anglo-Saxon protestant.

Mais on laissait à l'individu la possibilité d'agir, d'échapper à sa condition d'origine.

J'ai travaillé comme un forçat. Et personne n'a entravé mes efforts. Personne ne m'a rançonné. Je suis devenu riche. Et je suis resté libre de mes pensées et de mes actes.

J'ai voulu que mon premier enfant, Nicole, naisse aux États-Unis, pour qu'elle soit citoyenne de ce pays qui m'avait accueilli.

Et si plus tard, je me suis installé en Europe, c'est parce que là étaient mes racines.

Je voulais aussi échapper à cette mécanique un peu folle des affaires qui marchent bien et qui, dans une sorte de mouvement naturel, s'accélèrent et ne laissent plus le temps de vivre.

Je désirais, après ce que j'avais vécu, connaître les joies paisibles de la famille, aux côtés de Dina et de mes enfants. Et je savais que je ne pouvais appliquer avec rigueur les principes de cette nouvelle vie « naturelle », que m'avaient enseignée les docteurs Gross et Shelton, que loin de la trépidation new-yorkaise.

Mais l'incendie est venu tout saccager.

La tragédie qui m'a frappé est née de la précarité et des erreurs de notre civilisation, de l'organisation inadaptée de notre monde.

Les forêts de la Côte d'Azur brûlent parce que la nature a été oubliée, que l'espace est dévoré par les constructions. Les bergers dont les troupeaux « nettoyaient » la forêt, les paysans qui entretenaient les chemins, dont les cultures créaient des espaces plantés de vignes qui résistent aux flammes, ont disparu.

Et la proximité des routes, des grandes villes, favorise la pollution de l'air, le réchauffement de l'atmosphère, cependant que le climat de notre planète change. Ces automobilistes, ces touristes, ces promeneurs imprudents qui ne se sentent pas responsables de l'environnement multiplient les risques d'incendie.

Et le même phénomène se produit d'un bout du monde à l'autre, de la Côte d'Azur à la Californie.

Partout les mêmes scènes de panique et de destruction se reproduisent et rappellent la guerre.

La nature est fragile. L'homme en a détruit les équilibres. Et les flammes embrasent les maisons. Les habitants fuient.

Et des enfants, les miens, meurent.

19
UN VIEUX COMPAGNON D'ABEL

Je vois les feux meurtriers embraser le ciel de leurs lueurs rouges et noires.

Ils vont se multiplier, encercler les villes, détruire les forêts, tuer les hommes.

Les épidémies provoquées par des virus inconnus vont à leur tour se succéder.

Et ce seront aussi les écarts dangereux de température qui vont rendre la vie, là où régnait un climat tempéré, plus difficile.

Et les plus pauvres, les plus faibles, les plus jeunes et les plus vieux vont en mourir.

Je ne dis pas cela pour effrayer.

Je l'annonce en pensant à mes enfants. Je dis que le monde est menacé par notre mode de vie, autant que par la barbarie terroriste.

Caïn sait prendre aussi le visage du désordre économique.

J'ai reçu, il y a quelques jours, des Chinois.

Ces trois hommes souriants s'exprimaient indifféremment en français ou en anglais.

Ils voulaient préparer la diffusion en Chine – devant des millions de téléspectateurs, donc – du film tiré de mon livre, *Au nom de tous les miens*.

Ils étaient jeunes et vifs. Leur présence montrait que le monde s'unifie.

Nous sommes devenus un corps unique. Les idées et les images, nos mémoires, circulent désormais d'un bout à l'autre de la planète.

Dans un village de Chine on saura bientôt qui étaient Mietek et Mokotow, comment ils se battaient dans le ghetto de Varsovie, on connaîtra ainsi la tragédie de l'extermination, de la Solution finale, et l'on se souviendra de nos héros et de nos morts.

Ainsi la fraternité entre les hommes pourra devenir réalité.

Mais si ce milliard de Chinois adopte notre mode de vie – par exemple circulation intense d'automobiles, et donc atteinte à l'environnement –, alors nos maladies sociales et la dégradation de notre environnement s'approfondiront. Travail sous-payé là-bas, chômage ici.

Pollution aggravée là-bas, et air vicié partout dans le monde. Surpopulation là-bas, immigration ici, et tensions sociales, misère et hommes « importés », exploités et violence, guerres en plusieurs points du globe.

Or que fait-on pour tenter de soigner ensemble l'état du monde ?

Je passe souvent à Bruxelles, devant les bâtiments du parlement européen.

Je m'arrête. Je regarde ces façades hautes et vitrées. Comment est-il possible que nous ne réussissions pas ici, sur le vieux continent, à être plus solidaires, alors que nous avons une histoire commune, une civilisation millénaire partagée ?

Comment peut-on continuer à se déchirer, à tenter d'arracher à l'autre un avantage, alors que nos intérêts sont communs, que cette vérité devrait s'imposer ?

Mais Caïn nous aveugle.

Nous tâtonnons, nous nous égarons.

J'écoute des Polonais qui souvent me rendent visite. J'ai de la joie à entendre leur langue. Ma langue.

Parfois en la parlant, je me souviens de cette autre langue, le yiddish, que mon père et mon oncle utilisaient.

Je me souviens des livres qu'ils me lisaient. De l'humour désespéré qui la traversait. Et lors de nos fréquentes rencontres avec l'écrivain Isaac Bashevis Singer, celui-ci évoquait longuement cette Pologne où il était né. Je reconnaissais son accent – le mien ! Celui de Varsovie.

Il évoquait les cercles littéraires, la richesse des œuvres écrites en yiddish.

Il s'efforçait de perpétuer cette tradition, de sauver cette culture et cette langue. Il s'indignait de l'oubli qui la frappait parce que les hommes qui la parlaient, les savants, les écrivains, les musiciens qui étaient nés de cette culture, qui n'avaient que l'art et la fraternité dans le cœur, avaient disparu dans les fosses ou sous les pierres du ghetto de Varsovie.

Dans l'indifférence du monde.

La laisser disparaître en acceptant notre massacre était un crime et une folie.

Les bourreaux lorsqu'ils ont pris le goût du sang ne sont jamais rassasiés.

Mais aujourd'hui, nous sommes encore plus dépendants les uns des autres.

Le monde, cet organisme vivant et fait de nos corps, ne peut survivre si la gangrène gagne l'une de ses parties. Il faut donc un gouvernement mondial.

Je lis avec avidité les articles qui relatent l'activité des grandes organisations internationales.

Des hommes de bonne volonté s'y rencontrent.

Mais ils sont entravés par le jeu des intérêts nationaux et particuliers.

Qui osera affronter la puissance des grandes multinationales, des firmes agroalimentaires, de l'industrie chimique qui vend les pesticides et veut répandre partout des organismes génétiquement modifiés, une agriculture et un élevage intensif, qui transforment les espèces ?

Et nous ne savons pas ce que sera l'homme demain, soumis à cette logique, drogué parce que notre alimentation est déjà chargée de tous ces produits toxiques, de ces hormones dont on gave le sol, les espèces végétales et animales.

J'aime parler à mes enfants de la fascinante organisation de la nature.

Dans les forêts de Pologne je pouvais rester des heures à observer l'activité laborieuse des fourmis.

Ou bien je m'allongeais dans les hautes herbes, non loin d'un essaim d'abeilles. Et souvent je me suis nourri de leur miel.

C'est l'une des plus vieilles nourritures du monde. Lorsque je raconte l'histoire du miel, j'ai l'impression de dire une fable sur l'accord entre les différentes espèces de la nature : le végétal et le vivant, celui des abeilles et des hommes. Et depuis des millénaires cet équilibre – presque une association – s'est maintenu.

J'achète à un apiculteur, un homme doux et souriant, du miel de sapin, l'un des plus onctueux et savoureux.

Et voilà que j'apprends que ce miracle d'entente est en train d'être rompu.

Certaines abeilles sont devenues des « tueuses », et armées d'un long dard porteuses d'un venin mortel.

Elles s'en prennent aux animaux et à l'homme. Elles viennent peut-être du continent américain. Elles ont sans doute butiné des fleurs, une végétation imprégnées de produits chimiques, et, à ce contact, les abeilles ont muté, sont devenues des monstres contre lesquels il faut se défendre.

Voilà une nouvelle victoire de Caïn.

Lorsque j'évoque cette évolution menaçante à mon apiculteur, il secoue la tête. Il me rassure d'abord. Ces abeilles tueuses sont rares encore. On peut les isoler, les contrôler.

Mais bientôt, ajoute-t-il, c'est le miel qui disparaîtra.

Le vrai miel, celui qui est resté semblable à ce qu'il était déjà dans la préhistoire, puis dans l'Antiquité. Celui qui accompagne les hommes depuis leur origine.

Il m'apprend que des pesticides « neurotoxiques » dont on répand de grandes quantités à la surface du globe, pour protéger certaines espèces végétales comme le tournesol, gagnent le pollen, et les abeilles qui le butinent meurent.

De nombreuses ruches déjà, dans différentes régions, sont vides, abandonnées.

J'ai pensé à ces essaims, à ces ruches des forêts de Pologne, à ce miel qui m'avait nourri. À cette activité plusieurs fois millénaire, qui exige savoir et minutie. Qui est une forme d'art. Qui suppose respect de ces productrices bourdonnantes. Qui implique qu'on aime la nature, dont on se sent partie.

Et demain qu'adviendra-t-il de ces ruches de Pologne, quand l'agriculture de ce pays sera elle aussi – et comment y échapperait-elle ? – soumise aux lois de la concurrence, de ce qu'on appelle la modernisation ?

On voudra augmenter les rendements. On réunira les petites parcelles. Les fermes deviendront des entreprises agricoles. On utilisera les machines et les engrais chimiques. Et on répandra des pesticides sur les plantes, dans les champs.

Ils empoisonneront les cours d'eau et les pollens.

Les animaux seront immobilisés, emprisonnés, nourris avec des aliments fabriqués.

Les paysans, moins nombreux, mieux logés, seront dépendants des prix de vente des produits de leur entreprise. Il leur faudra vendre toujours plus et à des prix toujours plus bas. Ils devront pour augmenter leur production acheter et utiliser des quantités toujours plus grandes d'engrais et de pesticides.

Et un jour les abeilles mourront.

Et le miel, ce vieux compagnon d'Abel, disparaîtra.

Ce sera l'annonce de la fin de l'histoire humaine des hommes.

Et commencera le règne sans partage de Caïn.

Je ne le veux pas.

Et je conserve l'espoir d'un monde fraternel.

TROISIÈME PARTIE
ESPOIR

20
UNE PETITE FLAMME TENACE

Les hommes-frères existent.

Lorsque la terre s'est ouverte sous mes pas, lorsque ma femme et mes enfants, les étoiles de ma vie, ont disparu dans l'incendie, des mains se sont tendues vers moi.

Je revois les visages de mon ami David Douglas Duncan et de sa femme Sheila, peu après ceux, si empreints de compassion, de Pablo et Jacqueline Picasso. Ils étaient penchés sur moi, ils me chuchotaient des paroles de tendresse. Grâce à leur présence, j'ai peu à peu réussi à me remettre debout – j'étais vraiment couché sur la terre, je voulais m'enfoncer en elle, y disparaître.

Ainsi mes liens avec les Duncan et les Picasso se sont approfondis.

Plus tard, quand le deuil a frappé Jacqueline et qu'elle s'est à son tour allongée sur la terre, parce que la mort de Pablo pour elle était la fin du monde – et Picasso était un monde – je suis allé vers elle.

On donne ce qu'on reçoit. La vie est échange. Nous sommes devenus proches. Elle m'a ouvert l'atelier secret de Pablo. J'ai découvert cette puissance que le peintre déjà m'avait fait pressentir mais j'entrais maintenant dans son univers. Je voyais sa palette. J'entrevoyais son mystère. J'ai accompagné Jacqueline Picasso à Montréal. J'ai organisé une grande exposition des œuvres de Picasso au musée des Beaux-Arts. Mais parce que les chemins de la vie sont comme un labyrinthe, j'ai découvert à cette occasion l'immense générosité du peuple canadien.

C'était étrange. La main de Picasso m'avait guidé jusque dans ce pays-continent, au cœur de ce peuple. Les lecteurs se serraient autour de moi. J'étais venu pour Picasso. Et Picasso, le peintre de *Guernica* dénonçant les crimes de guerre nazis en Espagne, faisait qu'on me parlait du ghetto de Varsovie et de Treblinka. Ainsi se nouait la chaîne fraternelle des hommes.

Car les hommes-frères existent.

Et dans les nuits les plus sombres, quand j'avais oublié que des étoiles pouvaient briller, et que je doutais même de l'aube, j'ai toujours rencontré un homme pour m'aider.

Cet Abel glissait un morceau de pain dans ma main.

Il me chuchotait un mot en me frôlant. Et pour ces actes-là les bourreaux qui nous surveillaient auraient pu le tuer. Mais il prenait ce risque pour aider cet inconnu que le convoi de la mort venait de jeter dans l'enfer de Treblinka.

Mon frère humain savait que je ne pouvais rien lui rendre de ce qu'il me donnait. Nous étions lui et moi de passage et nous n'avions presque aucune chance de nous croiser à nouveau.

Je n'avais même pas vu son visage, à peine aperçu sa silhouette. Mais d'emblée je lui avais fait confiance, j'avais cru en lui, comme si en ce frère humain s'incarnait mon père.

Et j'avais choisi, parce qu'il me l'avait conseillé, d'aller vers la colonne de droite que les bourreaux formaient sur le quai de la gare de Treblinka.

C'était celle où l'on rassemblait ceux qui ne seraient pas exécutés aussitôt.

C'est donc à un inconnu que je dois d'être encore en vie, et chaque jour je pense à lui.

Quand je m'interroge sur l'avenir, quand l'angoisse me saisit pour le destin de mes enfants dans les tempêtes qui s'annoncent, les vents de haine qui se lèvent, je pense à cet homme-frère. J'ai dans l'oreille le son de sa voix, je sens dans la main son morceau de pain.

Il y a eu ce policier polonais qui sur la plate-forme du tramway de Varsovie qui traversait le ghetto a détourné la tête pour ne pas me voir.

Il y a eu ce prêtre polonais qui m'a accueilli dans son église et protégé.

Il y a eu cette famille de paysans, des Polonais encore, qui, au lieu de me livrer en échange de cinq kilos de sucre, ont aménagé une cachette sous un tas de bois pour que je m'y dissimule.

Et chaque jour ils m'apportaient du pain, des œufs, du lait. J'entendais les voix des Allemands et de leurs complices polonais qui, à quelques mètres de l'endroit où je me terrais, les interrogeaient. Mais je savais qu'ils ne me dénonceraient pas.

Je devinais qu'on les soupçonnait, que ces patrouilles allaient revenir, fouiller la maison, le hangar. Et une nuit, sans les avertir, j'ai quitté leur ferme.

Ils m'auraient proposé de me conduire vers la forêt. Ils auraient pris de nouveaux risques. Je ne le voulais pas.

J'avais aperçu leurs enfants et je savais de quoi étaient capables ces hommes-sauvages, ces Caïns, pour se venger, faire parler les suspects.

J'ai gagné la forêt. Et des partisans m'ont accueilli. L'un d'eux m'a conseillé de ne rien dire de mes origines. Et lui aussi, comme l'inconnu de Treblinka, m'a sans doute sauvé la vie.

On n'aimait pas les Juifs dans certains maquis polonais.

On les accusait d'être à la solde des Russes, d'être des commissaires politiques communistes, de ceux qui en 1939-1940, durant les quelques mois de l'occupation soviétique de l'est de la Pologne, avaient traqué les patriotes, tué d'une balle dans la nuque les officiers polonais dans la région de Katyn.

J'étais juif, donc je devais payer pour ces crimes.

Rien n'est plus injuste que de réduire un homme à son appartenance.

Il y a eu quelques Juifs, dans le ghetto de Varsovie, qui se sont conduits comme des bourreaux, livrant leurs frères aux nazis, espérant ainsi échapper à la mort.

Il y a eu des Polonais pour haïr les Juifs, au point de les dénoncer, de les massacrer dans certains villages. Et de chasser les survivants des camps qui, en 1944 ou 1945, revenaient chez eux.

Il y a eu des Français pour conduire jusqu'aux greniers où se cachait une famille juive des policiers. Et cela pour s'emparer de la boutique, de l'appartement, des tableaux de ces Juifs qu'on envoyait ainsi à la mort.

Chaque peuple compte en son sein un Caïn. Mais, à partir de ce constat, en conclure que chaque homme de ce peuple est meurtrier, coupable à l'égal de Caïn, c'est céder à son tour à l'esprit de fanatisme, cesser d'être Abel, pour se soumettre à la loi de Caïn.

C'est oublier surtout que chaque homme, quel qu'il soit, est une personnalité unique, complexe, qui possède une part indestructible de liberté créatrice.

Si elle n'existait pas, où serait sa responsabilité ? Et que resterait-il de la dignité de l'homme ? De son âme ?

Ceux qui disent : *les* Juifs, *les* Polonais, *les* Arabes, *les* Allemands, *les* Français, *les* Américains, sont coupables.

Ils creusent une grande « fosse commune » dans laquelle ils enfouissent l'homme libre de ses choix.

Dans chaque peuple, il y a eu, il y a *des* Justes et *des* bourreaux, *des* courageux et *des* lâches ; *des* héroïques et *des* prudents. *Des* hommes qui résistent aux bourreaux et *des* hommes qui deviennent leurs complices.

Voilà l'essentiel, à ne jamais oublier, si l'on ne veut pas devenir à son tour un homme aveuglé, vindicatif, et un jour capable d'applaudir les meurtriers.

Et cependant je veux dire aussi qu'il existe des civilisations qui favorisent en chacun de nous Abel ou Caïn. Si la tradition, la religion et la Loi d'un peuple reconnaissent aux Autres le droit de débattre, favorisent le heurt des opinions libres, laissent dans toutes les institutions le débat naître, bref, donnent naissance à la démocratie, alors Caïn est muselé, et Abel libre.

Si au contraire le fanatisme, la terreur, un gouvernement qui réprime et emprisonne, bâillonnent et torturent, alors, entre les hommes s'installent des rapports de violence et de peur. L'ordre semble régner. Mais c'est le talon de fer de Caïn qui écrase les gorges.

J'ai connu cela.

Chaque homme, dans ces conditions – à l'exception de quelques Justes, héroïques, prêts à mourir pour rester fraternels – exprime le pire qui est en lui. La peur l'étouffe. Il devient lâche. Il ne tend plus la main de crainte d'être accusé, de se compromettre. Chacun pour soi.

Quand Caïn gouverne un peuple, c'est la sauvagerie qui envahit la vie publique.

En nous Abel est entravé, menacé, laissé pour mort.

Mais les Justes maintiennent vif son souvenir, témoignent qu'il y a d'autres façons d'organiser le monde et de vivre.

Et si j'ai connu la barbarie, la sauvagerie, j'ai assisté aussi à la défaite de Caïn.

J'entends mon père nous lire ce passage de la Genèse :

> *Dieu dit à Caïn : « Qu'as-tu fait ! Écoute le sang de ton frère crier vers moi du sol ! Maintenant sois maudit et chassé du sol fertile qui a ouvert la bouche pour recevoir de ta main le sang de ton frère. Si tu cultives le sol, il ne te donnera plus son produit : tu seras un errant, parcourant la terre...*
> *Alors Caïn dit à Dieu : « Mais le premier venu me tuera... »*
> *Et Dieu mit un signe sur Caïn afin que le premier venu ne le frappât point.*

Vaincre Caïn, sans devenir meurtrier à son tour.

Voilà ce que mon père m'a appris. Voilà aussi ce que j'ai vu de mes yeux se produire, en pleine sauvagerie.

Voilà ce qui en moi continue de faire vivre la petite flamme tenace de l'espoir.

21
SES DEUX MAINS PRÈS DES MIENNES

Parfois, cette flamme de l'espérance qui brûle en moi vacille.

J'ai l'impression qu'elle va s'éteindre, soufflée par cette actualité tragique qui m'assaille.

Je feuillette les journaux et regarde les images de l'actualité sur l'écran du téléviseur.

Je passe d'un pays à l'autre.

Il suffit d'une légère pression du doigt sur la télécommande pour que je devienne téléspectateur d'une chaîne américaine, belge, française, italienne, allemande, arabe.

Le monde défile devant moi.

Et tous les pays me renvoient les mêmes scènes. Attentats meurtriers à Bagdad. Actions de l'armée israélienne à Gaza. Émeutes à Haïti. Attentats à Madrid. Corps ensanglantés.

Je doute. Le chaos est déjà là. Caïn triomphe. La flamme s'étiole.

Tout devient sombre en moi.

Sans espoir, que vaut la vie de l'homme ?

Sans projet exaltant qui nous grandisse, pourquoi et comment vivre ?

L'angoisse et le désespoir sont des gangrènes qui me rongent.

Ce n'est pas à moi que je pense d'abord. J'ai vécu longtemps déjà.

Mais ma femme, Béatrice, mes enfants, ont tant d'années encore à parcourir dans un monde cruel, impitoyable.

Je me tasse. Je ferme les yeux. Mes souvenirs les plus noirs m'envahissent.

Je reste ainsi quelques minutes.

Mais je me souviens de mon père, de tous ces hommes-frères qui m'ont aidé.

Alors je me redresse.

Je sais que le doute ne doit pas m'immobiliser.

Il faut marcher, serrer les dents comme un errant assoiffé et perdu qui veut atteindre l'oasis.

C'est cette expérience de lutte en soi contre le désespoir que je voudrais transmettre.

Il faut, quand l'obscurité vous envahit, que la nuit vous environne et que le doute vous serre la gorge, se contraindre à agir, à aller vers les autres.

Le cycliste s'il ne pédale pas perd l'équilibre et tombe.

L'homme sans projet se désagrège.

Et le feu intérieur, cet espoir ténu, s'éteint.

Peut-être n'ai-je maintenu vivante cette flamme d'espérance que parce que je suis allé de projet en projet et ne suis pas resté recroquevillé sur mon angoisse.

À Treblinka, dès les premiers instants, j'ai rassemblé ma volonté et je n'ai eu qu'une obsession : survivre pour fuir et témoigner.

Dans le ghetto de Varsovie en insurrection, ma pensée et mon corps étaient comme des poings serrés : survivre en combattant, pour inscrire notre lutte, notre histoire dans la mémoire des hommes.

Dans l'Armée rouge, la victoire acquise, quand j'ai découvert la réalité totalitaire du système soviétique, j'ai été comme un arc tendu, ne pensant qu'à la liberté qu'il me fallait conquérir.

Et celle-ci obtenue, avec la richesse, après des années aux États-Unis, j'ai voulu m'arracher à l'engrenage, pour qu'avec Dina nos corps épurés, rajeunis, nous soyons capables de créer, de donner la vie.

Puis l'incendie du Tanneron.

Moi, comme une plaie ouverte.

Je n'avais plus d'espoir.

Et j'ai peu à peu découvert que je ne pouvais survivre qu'en m'ouvrant aux autres. En disant qui j'étais. En essayant d'enseigner ce que j'avais appris.

Je devais parler *Au nom de tous les miens*.

J'ai compris que le projet qui fait vivre la flamme, l'espoir, c'est de briser la prison de l'égoïsme. De parler aux autres pour les autres.

Mes livres et l'action et les fondations que j'ai créées – la Fondation Dina Gray, l'action Un enfant un arbre, pour lutter contre les incendies de forêt, apprendre à les prévenir, à les combattre, à s'en protéger ; la Fondation Arche du Futur, pour ouvrir un avenir aux jeunes – ont ce but.

J'ai mis toute mon énergie dans ces livres et ces projets.

J'ai bâti dans le parc de ma maison des Barons, au Tanneron, un lieu pour accueillir de jeunes artistes, organiser des concerts, des débats.

C'était l'Arche du Futur.

J'ai rencontré des obstacles.

Les entreprises qui m'avaient promis de m'aider, une fois les constructions terminées, se sont peu à peu éloignées.

227

Ce que je faisais n'était ni assez rentable ni assez spectaculaire.

Mais avant de semer, il faut labourer. Avant de récolter, il faut attendre que le grain germe.

Mes donateurs préféraient que l'image de leur générosité s'impose aussitôt en sponsorisant plutôt les courses automobiles, les sports dans une vision à court terme.

J'ai donc connu des déceptions et des échecs, mais j'ai rencontré des centaines d'hommes et de femmes de tous âges, dont la générosité et le désintéressement, le dévouement, ont fait rejaillir ma flamme d'espérance.

Et les milliers de lecteurs qui m'ont écrit ont fait naître en moi une force qui me permettait de continuer d'agir, d'espérer.

Je me souviens de cet homme jeune mais dont le regard était celui d'un vieillard épuisé. Lorsqu'il a sonné au portail de ma propriété des Barons et que j'ai vu ses yeux ternes, gris de tristesse et de désillusions, j'ai eu l'impression d'avoir devant moi l'un de mes frères du ghetto.

Son visage émacié était appuyé aux barreaux du portail.

C'était comme si je l'avais vu derrière les grilles d'une cellule de condamné à mort.

J'ai pensé à ces camarades qui, à Treblinka, renonçaient à vivre.

Ils s'effondraient au cours des appels, parce qu'ils savaient que les bourreaux allaient les tuer à coups de pied ou d'une balle dans la tête.

Et c'est ce qu'ils souhaitaient.

Mais parfois, les gardiens les poussaient encore vivants dans la fosse où s'entassaient les cadavres que nous avions retirés de la chambre à gaz. Alors pour éviter cette mort atroce, ceux qui voulaient en finir avec la vie se pendaient la nuit.

Je n'oublierai jamais leurs voix récitant la prière des morts.

Je n'oublierai jamais leur visage, leur regard quand j'essayais de les faire renoncer au suicide, en tentant de leur communiquer un peu de ma résolution, de mon désir de survivre.

Je n'avais jamais réussi à retenir l'un d'eux. Nous vivions dans l'enfer. Je me sentais impuissant et coupable. Je ne pouvais soutenir leur regard.

J'avais croisé quelques-uns d'entre eux sur l'Umschlagplatz ou dans les rues du ghetto. Ils étaient encore accrochés à la vie. Mais le voyage vers Treblinka dans ces wagons où les morts se serraient contre vous, puis la découverte du camp et des fosses, leur avaient ôté tout désir de vivre et de lutter.

Et, je l'avoue, même si le remords m'étouffe, j'ai, après quelques nuits, abandonné l'espoir de convaincre ces hommes-là de persévérer à vivre.

Et chaque nuit, pour ne pas entendre les murmures de ceux qui avaient choisi de basculer dans la mort, j'ai écrasé mes poings sur mes oreilles.

J'ai su que je ne pouvais compter que sur ma volonté, que je devais organiser seul ma fuite.

Et le matin, quand le jour blême entrait dans ce dortoir où nous nous entassions, je détournais les yeux pour ne pas voir les corps de mes frères en malheur qui avaient choisi de se pendre.

C'est l'un d'eux que j'ai cru revoir en découvrant ce jeune homme appuyé au portail de ma maison des Barons.

J'ai ouvert, je l'ai invité à entrer, ne pouvant quitter des yeux son visage émacié, mal rasé. Il a fait un pas et j'ai eu l'impression qu'il allait s'écrouler contre moi. J'ai écarté les bras.

Il a murmuré quelques mots que je n'ai pas compris tant sa voix était faible.

Il a regardé autour de lui.

J'ai posé ma main sur son bras. Il tremblait.

« Comment faites-vous, monsieur Gray, comment pouvez-vous vivre ? »

Sous ces questions j'ai entendu ce qu'il voulait me dire : « J'ai envie de mourir. »

Je l'ai entraîné dans ma maison.

J'ai éprouvé en l'écoutant, en le regardant, que l'angoisse et le désespoir d'un homme exercent une sorte d'attraction qui peut vous envelopper, vous étouffer.

J'ai senti en moi la tentation de serrer cet inconnu, contre moi, de me laisser couler avec lui. Nous aurions pleuré, nous serions morts ensemble, frères en malheur.

Mais je savais aussi que si j'avais cédé ainsi à cette fausse compassion, je l'aurais trahi.

Nous aurions été lui et moi victimes des maléfices de Caïn.

J'ai pris cet homme par les épaules. Je l'ai secoué. Je l'ai conduit jusqu'à l'amphithéâtre que j'étais en train de construire pour servir de lieu de réunion aux jeunes que je voulais rassembler dans le cadre de l'Arche du Futur.

« J'ai besoin de quelqu'un pour m'aider », ai-je dit.

Il a haussé les épaules, ouvert ses mains, secoué la tête en signe d'impuissance, esquissant une grimace, comme l'ombre d'un pauvre sourire.

J'ai répété :

« Nous avons besoin de vous. »

J'ai tendu le bras, montré les gradins de l'amphithéâtre, expliqué que l'Arche du Futur était une fondation qui se proposait d'aider les jeunes, de leur apporter les moyens de faire les premiers pas dans une vie sociale qui était aussi dure qu'une jungle.

Il a baissé la tête, murmuré qu'il le savait, qu'il avait lu l'un de mes livres, *Vivre debout*, qu'il était venu jusqu'à moi pour que je l'arrache à ce désespoir dans lequel il s'enfonçait.

« Tendez la main aux autres, aidez-les, et ils vous sortiront de là », ai-je martelé.

Je sentais qu'il hésitait.

Je lui ai montré plusieurs blocs de marbre que je comptais disposer de telle manière qu'ils constitueraient une sorte de pont pour franchir un chenal dont l'eau alimentait un grand bassin.

« Je ne peux pas les transporter seul, ai-je dit. Venez. »

Il hésitait encore.

J'ai pris une barre à mine qui me servait de levier. J'en ai glissé l'extrémité sous l'un des blocs, et j'ai appuyé.

Je ne le regardais pas. Je pesais de toutes mes forces sur la barre.

J'ai senti tout à coup son épaule contre moi.

Et ses deux mains se sont placées près des miennes.

Le bloc a oscillé, puis a commencé à glisser.

Abel, ce jour-là, a vaincu Caïn.

22
GARDER LES YEUX OUVERTS

Je sais.

La victoire d'Abel sur Caïn n'est jamais définitive. Pour un homme qu'on retient sur le seuil de la vie, combien tombent, se laissent entraîner par Caïn, deviennent meurtriers ? Car le suicide est aussi un crime commis contre soi-même.

On croyait les hommes dans le camp d'Abel, et tout à coup ils enfilent des bottes noires, ils enfoncent une casquette sur leur tête, ils glissent un brassard à leur bras, et les voici, eux qui semblaient vos frères, le gourdin à la main. Ils vous traquent, vous rassemblent sur l'Umschlagplatz et vous livrent aux bourreaux dont ils sont devenus, pour sauver leur vie, des auxiliaires.

Je sais cela. Je l'ai vécu. J'ai été pourchassé par ce que nous appelions la Gestapo juive du ghetto.

C'est ainsi.

Celui que l'on croyait à jamais fraternel devient Caïn et tue son propre frère.

Tout est annoncé déjà de l'histoire des hommes dans la Genèse.

Caïn dit à son frère Abel : « Allons dehors »,
et, comme ils étaient en pleine campagne, Caïn
se jeta sur son frère Abel et le tua.

Il est donc fou d'ignorer les périls, le désir de meurtre qui est tapi au cœur de l'homme.

Le pouvoir que Caïn exerce sur l'imagination de chacun de nous est immense, si bien qu'à chaque instant quelqu'un se lève pour le suivre, l'imiter.

C'est pour m'obliger à regarder en face cette vérité, à la montrer, que j'ai écrit tant de pages qui peuvent paraître sombres.

Parce que l'espoir et la volonté de se battre ne naissent jamais du mensonge ou du mirage.

Oui, Caïn est en chacun de nous.

Oui, Caïn menace.

Oui, le monde est dans une impasse qui le conduit au chaos.

Oui, on crie encore, et même de plus en plus fort, « Mort aux Juifs ».

Mais cela observé, hurlé pour alerter, je dois dire avec la même force, le même souci de vérité que, au milieu de l'enfer, j'ai vu se révéler, s'affirmer, se dresser la bonté, la compassion, la fraternité, le dévouement, l'héroïsme, le désintéressement, l'esprit de sacrifice.

Là est le miracle.

Abel ne renonce pas.

Abel marche les yeux ouverts sur le monde tel qu'il est. Abel croit à la justice et il espère.

J'ai vu des hommes donner leur vie pour en sauver une autre, tout en sachant que personne ne se soucierait de leur sacrifice, qu'il serait enseveli dans l'immense tragédie, et qu'en apparence n'avait de valeur que l'égoïsme sauvage, celui qui vous faisait écraser le corps d'un autre comme s'il ne s'était agi que d'un ressaut de la terre.

Comme si avait eu raison seulement celui qui volait une assiette de soupe ou un morceau de pain, parce qu'ainsi il gardait quelques forces pour survivre un jour de plus.

Mais ce vol d'une bouchée de nourriture, c'était la condamnation à mort de celui qui en était privé.

Et cependant, on m'a glissé un morceau de pain dans la main. C'était cela le miracle de l'homme. Non pas Caïn.

Les bêtes se dévorent entre elles, c'est la loi de leur vie.

Mais le dévouement d'Abel, cela est le propre de l'homme.

J'ai vu le docteur Korczak prendre la tête de sa colonne d'enfants et marcher sereinement vers l'Umschlagplatz.

J'ai vu un inconnu s'écarter de la fente qui, dans le wagon qui roulait vers Treblinka, vers notre mort, laissait passer un peu d'air, pour qu'un enfant et sa mère puissent respirer.

Et cet homme a fait de son corps un bouclier pour que l'on ne vienne pas les écraser. Car autour d'eux, autour de lui, la panique et la folie avaient gagné beaucoup d'entre nous.

Je ne tairai pas la suite de cet acte généreux et héroïque.

Quand les bourreaux ont ouvert les portes, cette femme et cet enfant sauvés ont été poussés vers la colonne qui, quelques minutes plus tard, s'est ébranlée pour marcher vers les chambres à gaz.

Alors geste vain que celui de cet homme ?

Je le dis avec fureur : il faut être désespéré jusqu'au plus profond de soi, il faut nier l'identité humaine, il faut réduire l'homme à un animal pour le penser.

Si, depuis l'origine des hommes, ceux-ci, malgré les crimes accumulés, les génocides répétés, les gorges tranchées, les corps crucifiés, ne sont pas devenus qu'une meute carnivore – anthropophage –, c'est à cette obstination dans la générosité et le dévouement que nous le devons.

Ces gestes-là – celui du docteur Korczak, celui de cet inconnu dans le wagon – sont comme des repères.

Et elles marquent les étapes d'un chemin.

Ainsi s'affirme l'humanité de l'homme qui n'oublie pas la leçon des Lois, telles que dans le Livre, Dieu les a formulées.

Est-ce que je parle comme un croyant ? Celui qui refuse la foi peut aussi les entendre comme des œuvres humaines, fixant le Bien et le Mal, donc comme une frontière entre l'homme et l'animal.

Certes, on peut désespérer. Trouver le combat incessant, vain, puisque la victoire n'est jamais acquise.

Je connais la pensée de Nietzsche : « Rien ne vaut rien. Il ne se passe rien. Et cependant tout arrive. Mais cela est indifférent. »

Elle est fausse parce qu'elle oublie la permanence de la fraternité.

D'ailleurs chacun de nous porte un projet, veut le réaliser. Et la vie est pleine de surprises. Et ce qui se produit marque à jamais les hommes. Même si le combat ne cesse jamais entre Abel et Caïn.

« La route est bordée de tombeaux, mais elle mène à la justice. »

Je choisis de croire à cette espérance, qui ne dissimule pas la sombre face de l'histoire des hommes, mais laisse vivante la flamme.

23
LE PRINCIPE ESPÉRANCE

Justice, dévouement, partage, fraternité, connaissance, conscience : voilà les mots d'Abel qui font s'élever et briller la flamme d'espérance.

Injustice, inégalité, égoïsme, fanatisme, ignorance, aveuglement : voilà les mots de Caïn qui font vaciller et risquent d'étouffer la même flamme.

Jamais, entre les uns et les autres, entre Abel et Caïn, entre la paix et la guerre, la sérénité et la rage, l'organisation raisonnable et le chaos, la tension n'a été aussi forte.

Notre monde est écartelé comme il ne l'a jamais été.

Les mots de Caïn explosent.
Ils dévorent les corps, à chaque instant. Ils sont ceux que parlent les hommes inhumains, les animaux à visage d'homme.

Ici, des agresseurs encagoulés versent de l'essence sur un homme qu'ils persécutent depuis des mois. Puis ils enflamment ce corps qu'ils veulent martyriser et détruire.
Pourquoi cette haine ?
L'homme est homosexuel et la différence rend fous les fanatiques pour qui il n'est d'autre règle que celle qu'ils acceptent et considèrent comme « naturelle ».

Pas d'existence possible pour ceux qui pensent, qui vivent autrement.

Et l'homme paisible qui vivait selon ses penchants, sans créer de troubles, avec son compagnon depuis des années, n'est plus désormais qu'un corps écorché et souffrant.

Là, c'est un homme jeune qui enlève une petite fille à qui il fait subir des violences sexuelles. On apprend que lui-même, quand il avait cinq ans, a été violé par son père.

Là, c'est un médecin qu'on soupçonne d'avoir tué l'une de ses vieilles patientes pour lui dérober sa maigre fortune.

Ailleurs, c'est un kamikaze qui jette à Bagdad sa voiture contre une foule d'autres hommes, et ce sont des dizaines de morts.

Et je vois ce mur, immense, qui sinue sur la terre de Palestine, qui sépare les peuples pour protéger les miens de la folie terroriste, mais qui en même temps qu'il sauve des vies, nous enferme et rend les autres plus enragés encore.

J'entends leurs arguments, leurs protestations, leurs cris de colère.

Le paysan est séparé de son champ, de ses oliviers, la fille de sa vieille mère malade, l'enfant de l'école où il se rendait.

Histoire cruelle. De ce mur peut-il naître la sérénité, la paix ? Sans doute certains kamikazes se trouveront-ils empêchés d'agir – de tuer – facilement. Mais combien d'autres seront poussés au suicide meurtrier parce que ce mur les aura révoltés ?

Cela – et je pourrais remplir des pages avec ces mots noirs de la haine et de la guerre entre les hommes –, c'est un aspect du monde tel qu'il est.

Et Caïn le tire de ce côté-là.

Et chaque fois que nous agissons en fanatique, en égoïste, nous lui obéissons. Et le monde glisse vers le chaos, vers l'abîme dans lequel il risque de sombrer.

Mais il y a Abel. Les autres forces, les autres attitudes qui résistent à ce mouvement vers la sauvagerie.

Et jamais – je suis déjà vieux de plus de quatre-vingts ans, je suis donc le témoin de cette évolution – on a crié aussi fort pour défendre Abel, comme si les hommes étaient enfin devenus conscients de la gravité du moment, de l'imminence du péril.

Nous avons réussi, nous qui défendons Abel, à contraindre les meurtriers à cacher leurs crimes ou bien à ne pas oser en dire les raisons.

Leurs voix qui se font à nouveau entendre n'osent plus se revendiquer racistes, antisémites.

Même ceux qui crient « Mort aux Juifs » prétendent le faire au nom de l'injustice qui les frapperait, en Palestine. Ils cachent leurs traits bien connus sous le masque d'un noble combat : celui pour leurs droits, pour leurs terres.

Même les plus cruels des tueurs invoquent le droit.

Les terroristes qui mutilent avec les clous contenus dans leurs bombes se présentent comme les martyrs d'une juste cause.

Certes, leur œuvre est toujours celle de la mort. Et ceux qu'ils ne parviennent pas à tuer, ils les blessent et les défigurent.

Mais s'ils se masquent derrière le noble mot de justice, s'ils veulent qu'on ne les reconnaisse pas pour ce qu'ils sont – des fanatiques, des assassins –, c'est que la conscience des

243

hommes, leur désir de fraternité et de paix, sont plus forts qu'ils n'étaient – dans ces années de la première moitié du XXᵉ siècle, quand les chefs d'États européens osaient haranguer les foules en uniforme au nom de la supériorité d'une race, et faisaient l'apologie de la guerre et de la violence.

Et leurs troupes vêtues de noir portaient comme emblème une tête de mort.

Aujourd'hui, les hommes qui suivent Caïn ne peuvent afficher avec impudence qu'ils se rangent du côté du Mal et de la Mort.

On est meurtrier, on est antisémite, raciste, mais on crie qu'on se défend, qu'on lutte pour la justice, et qu'on est simplement pour le respect des différences.

Et cette dissimulation, cette hypocrisie, ces prudences verbales sont l'aveu des victoires que « nous », qui refusons le meurtre, « nous » les Abels, avons remportées.

Car le racisme a été vaincu.

J'ai ainsi rencontré Martin Luther King, et la force de ses convictions et de sa foi m'a bouleversé. Cet homme était capable de soulever des montagnes, et je sais aujourd'hui que même la mort ne pouvait l'empêcher d'agir.

Des racistes l'ont tué mais les combats qu'il avait engagés ont été poursuivis. Et aujourd'hui il y a une journée commémorative aux États-Unis en son honneur.

Sa voix pacifique et illuminée par le sens de la justice l'a finalement emporté sur les tenants de l'inégalité raciale, ces disciples de Caïn, les héritiers de ceux qui nous traitaient, à Varsovie, de poux qu'il faut écraser.

Mais je ne veux pas me contenter d'énumérer les noms de ces Justes illustres, de Korczak à Martin Luther King, de l'abbé Pierre à Yitzhak Rabin.

Je veux parler des anonymes.

Ainsi de cette famille chrétienne qui, dans une petite ville du Jura, ouvrait sa maison à ceux qui cherchaient un toit, gardait une place à table pour l'indigent. Et bénévolement, la mère et ses filles accompagnaient de jeunes handicapés en promenade. Ceux-ci quand on avait oublié les préjugés apparaissaient comme des êtres que la souffrance avait rendus plus riches et plus sensibles.

Il y a quelques années, on aurait haussé les épaules ou même ricané devant cette charité traditionnelle. Et puis, voilà que la pauvreté, le dénuement même, l'endettement, le chômage viennent se glisser dans les déchirures de plus en plus larges de notre société.

Les « exclus », qu'ils soient exilés, immigrés, chômeurs ou malades, sont de plus en plus nombreux.

Je vois, dans la plupart des villes où je me rends, des hommes et des femmes, des enfants accroupis à même les trottoirs, tendant la main, réduits à la mendicité.

J'ai voulu, peut-être parce que j'ai connu dans le ghetto l'extrême dénuement, la souffrance, lutter contre cette pauvreté, aider les plus démunis à survivre, les aider à reconquérir vigueur et dignité.

Dans les années 1980, j'ai voulu créer dans chaque ville une Maison Humaine –, j'avais écrit un livre portant ce titre et lancé une association.

J'avais imaginé que dans ce lieu on trouverait à la fois de quoi se nourrir et se cultiver. Les portes y seraient ouvertes à tous. Aux démunis et à ceux qui voudraient les aider. On y échangerait des expériences de vie. On y dînerait ensemble.

C'était dans mon rêve la Maison de la Fraternité.

J'ai cherché des appuis auprès des banques. J'ai été reçu par la plupart des maires des grandes villes françaises. J'ai rencontré des personnalités. Et parmi elles, un jour, Coluche.

Il est venu me voir, chez moi, dans ma maison du Tanneron. Je me souviens de ma table immense couverte de dossiers concernant la Maison Humaine. Coluche a voulu tout connaître de ce projet. Il était à la fois enthousiasmé et sceptique. À l'entendre, je voulais trop. On ne pouvait construire d'un seul coup une Maison de la Fraternité. J'étais un rêveur, un enthousiaste. Il fallait être plus modeste.

Mais les yeux de Coluche brillaient. Il murmurait : « Cette idée, cette idée, tu touches à quelque chose. La rencontre entre les gens. La nécessité de lutter contre la solitude. Les gens ont faim d'amitié, mais d'abord – il avait haussé le ton – faim, tout simplement. Je ne peux plus accepter que, dans le pays qui est le mien, cela existe. »

Peu après, il a lancé les Restaurants du Cœur.

J'ai mesuré, une fois de plus, que les idées sont comme des graines, des germes pleins de vie. Un homme sème. Un autre récolte. Qu'est-ce qui compte ? Que la moisson soit abondante.

Aujourd'hui, ces Restaurants du Cœur sont de plus en plus sollicités. On tend son cabas au bénévole qui y dépose les œufs, le lait, les boîtes de conserves.

Car ces restaurants ne vivent que par le dévouement. Et ces centaines, ces milliers de personnes qui vont vers les autres pour suppléer les carences du monde, voilà qui montre que, au bout du chemin, il y a peut-être, vraiment, la justice.

Mais autant que le but, c'est la manière dont on parcourt le chemin qui compte.

Et ceux qui se dévouent, avec qui j'ai si souvent parlé et qui sont parmi mes lecteurs les plus fidèles, ne s'interrogent pas sur le but. Ils agissent.

Ils ne peuvent pas accepter le monde tel qu'il est parce qu'il est lézardé par les injustices, les inégalités, l'ignorance et les persécutions.

Ils constatent que ce n'est pas seulement l'État, les lois, la politique, qui peuvent apporter aux « exclus » l'attention, la compassion, l'assistance, l'écoute fraternelle dont ces hommes et femmes, leurs enfants ont besoin.

L'argent, les repas qu'on leur donne sont indispensables, mais ne suffisent pas. Il faut le regard compréhensif qui rend leur dignité humaine à ceux qui vivent dans l'abandon et, le plus souvent, dans la solitude.

Aller vers l'Autre et sauver cet être souffrant, démuni, persécuté, abandonné, seule une personne désintéressée, qui n'a d'autre but que de donner une part d'elle-même, peut le faire.

Car l'homme a besoin d'amour pour échapper à Caïn et au désespoir, et seul un autre homme a le pouvoir d'aimer.

Ce sont ces hommes et ces femmes-là, poussés par les exigences de leur âme, de leur foi ou de leurs convictions, le sentiment de fraternité, qui rendent ainsi, même dans les périodes les plus tragiques, la vie plus humaine.

Ces anonymes généreux, je les vois, silhouettes dressées écartant de leurs bras tendus les panneaux noirs de la nuit barbare pour qu'entre malgré tout un peu de lumière et, avec elle, l'espoir de l'aube.

Il y a ce jeune homme de vingt ans, un Suisse, qui défiant les lois de la Confédération helvétique sauve à lui seul plusieurs dizaines de Juifs en les guidant à travers les gués du Rhin.

Il y a ces bergers français, qui, à travers les Pyrénées, conduisent jusqu'en Espagne des Juifs, des exilés allemands, des persécutés ou des jeunes hommes qui veulent rejoindre les Alliés pour combattre.

Il y a ces Suisses encore qui n'acceptent pas que la Confédération ferme ses frontières aux réfugiés poursuivis « en raison de leur race », condamnant ainsi à la mort des milliers de Juifs.

Et l'on savait déjà en cette année 1942 que cela équivalait à les condamner à mort.

Et ceux qui tentaient de les faire pénétrer malgré tout en Suisse étaient poursuivis, arrêtés, emprisonnés.

Il a fallu attendre plus de cinquante années pour qu'on les réhabilite, et qu'au lieu de les considérer comme des traîtres on les appelle des Justes.

Ces Justes-là, et tous ceux qui les ont précédés depuis les débuts de l'histoire des hommes, ils sont innombrables.

Leurs vies et celles qu'ils ont sauvées – parfois des peuples entiers, souvent un enfant, une famille, un errant, un réfugié, un exilé – témoignent pour cette richesse indestructible de l'homme.

Lorsque les souvenirs noirs m'ensevelissent ou bien que l'avenir, celui de mes enfants, celui du monde, font naître en moi le désespoir et l'angoisse ; lorsque je doute, je pense à eux.

Je revois les visages des miens, de ceux qui m'ont aidé.

Je regarde mes enfants. J'ai confiance.

Je sens qu'en chaque homme il y a Abel. Et même si Caïn l'étouffe, il est là.

Il faut lui tendre la main. Alors il la saisira. Alors il aidera à soulever le bloc de marbre. Alors se construira le pont pour franchir le chenal qui sépare les hommes.

C'est l'action dans la fraternité, c'est le don, c'est la générosité qui donnent confiance.

Moi qui ai vu des hommes réduire d'autres hommes à l'état de choses et les briser à coups de botte, j'éprouve pourtant quand je pense à l'Homme une émotion fraternelle.

J'ai traversé tous les malheurs. J'ai été témoin du plus grand crime perpétré dans l'histoire des hommes. J'ai subi l'injustice. J'ai souffert de la haine. J'ai été frappé plus qu'aucun autre. J'ai connu la disgrâce de voir disparaître ceux auxquels j'avais donné la vie, et il n'est pire malheur.

Et cependant, parce que j'ai côtoyé des hommes généreux, prêts à tout donner d'eux-mêmes pour les autres, parce que j'ai été bouleversé par le geste d'une mère, la beauté d'un tableau et l'infinie douceur d'une sonate, je suis heureux d'avoir connu cette aventure exaltante qu'est la Vie.

Humain, homme sont les plus grands mots de toutes les langues.

Au cœur de ces mots-là et de toutes les vies, il y a une richesse d'amour qui est enfouie. Il faut la décaper, la faire surgir.

En épurant le corps des miasmes qui l'alourdissent.

En faisant de la fraternité humaine le but de toute action.

Ainsi, on libère Abel de ses liens.

Et on découvre que le ressort de toute vie, c'est le Principe Espérance.

24
LA JOIE DE VIVRE

« Principe Espérance ! »

Ces deux petits mots que je viens d'écrire, un homme, un jour me les a lancés avec fureur, défi.

Il avait jailli, poing serré, bras tendu. Et tous les auditeurs de ma conférence qui venaient de m'applaudir s'étaient tournés vers lui. C'était le moment des questions.

Des mains déjà s'étaient levées. Mais l'homme n'avait pas attendu qu'on lui présente le micro.

Il avait répété d'une voix encore plus rageuse, pleine de mépris aussi :

« Principe Espérance ! Des mots, des mots, c'est facile pour vous. »

Il y avait eu des murmures. Quelqu'un lui avait demandé de se taire. Beaucoup d'autres avaient protesté. Ils connaissaient ma vie, mes combats, et j'avais rappelé dans ma conférence les tragédies qui m'avaient endeuillé.

J'avais dit que depuis l'origine du monde les hommes s'entre-tuaient, le frère meurtrier du frère, comme Caïn avait tué Abel.

J'ai demandé qu'on laisse cet homme s'exprimer, mais tout à coup il s'est laissé tomber sur son siège cachant son visage dans ses mains.

Je voyais ses épaules secouées par des sanglots.

J'ai répondu rapidement à quelques questions, puis je suis descendu de scène, pendant que les auditeurs s'éloignaient.

L'homme était toujours assis, courbé, les coudes sur les genoux.

J'ai mis la main sur son épaule. Il s'est un peu redressé, m'a regardé, a murmuré des excuses.

C'est ainsi que j'ai connu Rémi D.

Il avait une trentaine d'années, des yeux presque verts enfoncés dans un visage osseux.

J'ai vu aussitôt ses longues mains, aux doigts fins qui tremblaient.

Nous avons passé plusieurs heures ensemble, assis l'un en face de l'autre dans le bar de l'hôtel où il m'avait raccompagné. Son corps, son regard rayonnaient d'une angoisse si intense, si douloureuse qu'elle se glissait en moi.

Il allumait cigarette sur cigarette ne laissant pas la précédente s'éteindre, absorbant goulûment la fumée, toussotant, buvant d'un seul trait le verre d'alcool qu'il avait commandé.

Il était peintre, m'a-t-il expliqué, ne sachant faire que cela, passer des heures devant ses toiles, consumé par cette passion.

« Principe Espérance ! Allons donc ! Il y a des êtres maudits », avait-il dit.

Puis d'une voix amère, se moquant de lui-même, il avait ajouté :

« Je suis un peintre maudit. »

Il se heurtait à l'indifférence, à l'incompréhension, à la dérision.

Sa femme l'avait quitté avec leurs deux enfants.

« On ne vit pas avec un raté », avait-il marmonné.

« Et je ne suis que cela. Un peintre, pour qu'il soit vraiment peintre, il faut qu'on regarde, qu'on aime ses œuvres. Qui sait ce que je fais ? Qui le voit ? Alors, le Principe Espérance… »

J'ai vu ses tableaux quelques jours après.

Je côtoie les peintres depuis des décennies. J'ai connu Picasso et Chagall. J'ai organisé dans l'Arche du Futur des expositions pour de jeunes artistes.

Dans l'œuvre de Rémi D. ne s'exprimaient qu'un désir de peinture et son angoisse. Je n'y voyais nulle part le fruit d'un travail. D'une obstination.

Il s'agissait des soupirs douloureux d'une âme qui ne voit pas le monde qui l'entoure.

Elle se désespérait parce qu'elle était enfermée en elle-même. Aveugle aux autres.

J'ai essayé de la libérer.

Mais c'était d'abord affaire de corps, d'hygiène de vie.

Il fallait que Rémi D. cesse de se détruire. Qu'il soit en paix, en harmonie avec son corps. Qu'il renonce à fumer, à boire, au désordre alimentaire, au sommeil irrégulier.

Mais il ricanait en m'écoutant.

Ces pauvres mots, ces conseils lui paraissaient dérisoires par rapport à ses ambitions, à l'angoisse qui le tenaillait et qu'il vivait comme la preuve de sa vocation d'artiste méconnu.

Des vies se perdent ainsi dans des impasses. Elles errent dans le labyrinthe de leurs illusions.

Ce qu'il fallait à Rémi, ce n'était pas qu'on l'écoute avec complaisance ou qu'on le flatte. Et le succès lui-même n'eût pas réussi à le guérir. Au contraire. Il eût sans doute accéléré sa destruction.

J'ai répété à Rémi : santé, maîtrise de soi, travail, vie régulière, méditation, réflexion, volonté, rigueur.

J'ai ajouté que l'art n'était pas confusion et désordre. Il était manifestation de la part la plus précieuse de l'homme. Il était fraternité, émotion, désintéressement, expression vraie et compréhension du monde.

L'art était le langage d'Abel.

Peu après Rémi s'est pendu.

Je dois dire ces choses impitoyables.

La vie – toutes les vies, la mienne donc – est trouée, décentrée par ces échecs.

Et cependant, je crois au Principe Espérance.

Il faut que je le martèle puisque Rémi s'est pendu. Et que son suicide est comme un cri de dénégation : « Voici ma mort qui nie, détruit votre Principe Espérance », semble-t-il avoir voulu me lancer.

Et il est vrai qu'une seule mort d'homme doit tout remettre en cause.

Mais qu'est-ce qu'un homme ? Une parcelle, unique, complexe, inestimable d'un tout qui s'appelle la communauté humaine.

Je croyais que cette idée de communauté humaine était récente.

Mais il y a quelques jours, feuilletant les *Pensées* de l'empereur romain Marc Aurèle – l'empereur philosophe (121-180 ap. J.-C.) –, j'ai découvert cette pensée :

Tu dois veiller au salut de tous les hommes,
servir la communauté humaine. La nature t'a
fixé comme principe que ton utilité particulière
soit l'utilité commune et, réciproquement, que
l'utilité commune soit l'utilité particulière. Tu
dois te souvenir qu'il existe entre les hommes
une communauté dont le lien a été formé par la
nature même.

Cette communauté humaine – dont, dès les origines, des hommes pieux, des philosophes, des sages ont pris conscience – met en œuvre, depuis toujours, le Principe Espérance.

Des hommes tombent, comme Rémi. Des peuples sont exterminés par les conquérants.

Le mien a été saigné, martyrisé, et on voulait le détruire.

Et puis la mort vient aussi terminer toute vie.
Marc Aurèle, écrit :

À peine chaque chose est-elle apparue qu'elle
est déjà passée, une autre passe et elle aussi
sera emportée... Pense souvent à la rapidité
avec laquelle les êtres et les événements passent
et disparaissent... Rien n'est stable, même ce
qui est proche de toi. Songe aussi à l'infini béant
du passé et du futur dans lequel tout s'engloutit.

Telle est l'apparence des choses, du mouvement de la vie. Et cependant Marc Aurèle se trompe.
Il écrit :

Bientôt tu auras tout oublié. Bientôt tous t'au-
ront oublié !

Et près de deux mille ans après qu'il eut noté cela, je le cite.

Et ses *Pensées* sont régulièrement rééditées.

Parce que la communauté humaine est une immense mémoire.

Parce que la mort loin d'être une fin est un commencement.

Et que tous les miens disparus vivent en moi.

Et j'écris aussi pour transmettre cette mémoire, leurs souvenirs.

Il y a quelques années, dans mon livre *La Prière de l'enfant*, j'avais composé dix prières.

Et l'une d'elle disait déjà :

Je prie
Pour que le Ciel soit rempli
Du nom de ceux qui s'en sont allés
Chevaucher au loin
Se perdre comme naufragés en mer.

Je prie
Pour qu'ils demeurent
Pour moi qui les aimais
Plus vivants que jamais
Et qu'avec eux, sans fin, jusqu'à mon dernier jour.
Je prie
Et qu'après dans la grande mer inconnue
Nous fassions route commune.

Je crois en cette union des morts et des vivants.

Mais celui qui ne croit pas doit reconnaître aussi que la communauté humaine est mue par le Principe Espérance.

Les hommes sont de plus en plus nombreux sur notre terre. Cela signifie qu'entre nous le Principe Espérance est si fort que nous donnons la vie alors que nous savons que ceux qui vont naître de notre amour vont mourir.

C'est donc bien que, nous qui ne sommes pas seulement, comme les animaux, des êtres d'instinct, nous qui SAVONS les tragédies du monde, nous croyons au Principe Espérance.

Il est en nous même si Rémi s'est pendu. Même si nous n'avons pas oublié Treblinka et Auschwitz.

Et ainsi la communauté humaine ne cesse de croître.

Elle vit, poussée en avant par ce Principe Espérance qu'Ernst Bloch, un philosophe allemand, a défini.

Et le nombre des hommes nous lance un défi. Nous devons nous organiser pour ne pas saccager cette planète, notre habitation commune. Nous devons préserver les équilibres naturels. Ne pas laisser détruire les forêts et les océans, les espèces.

Or je m'inquiète.

Je vois comment évoluent les continents que je connais le mieux : l'Amérique et l'Europe.

Je vois comment notre monde devient peu à peu une terre de violences.

La misère et la maladie s'y déploient. Les attentats, le terrorisme, cette guerre nouvelle, font exploser le cœur des villes. New York, Madrid, Jérusalem. Plus rien ni personne n'est à l'abri de cette folie de la haine et de la mort.

Je regarde. Je m'angoisse. Je veux lutter contre cette sauvagerie qui se répand.

Je l'ai dit · depuis presque un demi-siècle, j'étudie le comportement des hommes.

J'ai rencontré les plus illustres de mes contemporains, de Luther King à Picasso, les créateurs et les hommes politiques.

J'ai reçu Willy Brandt et sa femme dans cette maison du bourreau-Gauleiter, Hans Frank, ce symbole acheté pour marquer au cœur de Berlin que nous l'avions emporté sur la mort. Le résistant allemand au nazisme était devenu le maire de Berlin, puis chancelier d'Allemagne.

Je sais donc ce que c'est que le meilleur de l'homme après avoir connu sa face criminelle et barbare.

J'ai lu aussi, afin de connaître notre histoire humaine. Et je vois que depuis l'origine du monde, les hommes ont besoin d'un idéal, d'un grand rêve. Et que le risque, c'est qu'en voulant le réaliser ils deviennent eux aussi des destructeurs, des criminels.

Je vois comment cette sauvagerie a gagné les États-Unis. Des adolescents y tuent leurs camarades de classe. Et l'Europe où je vis suit ce chemin.

Est-ce cela le destin de notre civilisation ?

Je pense que pour empêcher cette évolution tragique il faut s'attaquer au problème premier. Celui de chaque personne. C'est-à-dire de sa manière de vivre, c'est-à-dire donc d'abord de sa manière de se nourrir.

On ne peut être lucide, on ne peut penser juste, on ne peut être fraternel quand on devient cette machine à digérer des viandes frelatées, des cadavres d'animaux nourris de cadavres réduits en farine !

Peut-être la première des utopies doit-elle être d'imaginer qu'il faut construire une société où les hommes seront nourris d'aliments vrais, où ils retrouveront la clarté de leur pensée, parce qu'ils seront légers, et non alourdis par les graisses. Ils n'échapperont pas à la mort. Mais ils s'en approcheront d'un pas assuré, lucide, sage.

Et parce qu'ils seront en paix avec leur corps et leur âme,

ils abandonneront les comportements sauvages, et feront de cette terre, peu à peu, une Maison Humaine.

C'est la mission que je me suis donnée. Avertir, partager avec tout homme ce que j'ai appris, ce que j'ai vécu.

L'alerter aussi.

Car c'est encore l'affrontement entre Caïn et Abel, mais le moment approche où ce n'est plus seulement la vie d'un seul ou la vie d'un peuple qui se joue, mais celle de toute la communauté humaine.

Mais je crois à l'indestructible force du Principe Espérance.

Et j'y crois parce que j'ai rencontré la bonté.

> *La bonté est invincible*, dit Marc Aurèle, *si elle est sincère, sans sourire narquois, sans affectation.*

La bonté qui s'est penchée sur moi était de cette espèce-là, humble comme une évidence.

Et je crois aussi à l'éternité du Principe Espérance, parce que j'ai rencontré la beauté.

Elle est sur les visages, ceux des enfants et des femmes. Mais il y a de la beauté dans chaque figure humaine si on sait la regarder.

Mais il faut saisir son secret derrière les sourires ou les rides, ou même cachée, enfouie sous ce qu'on appelle la laideur et qui n'est souvent que l'expression de la souffrance, la protestation contre la solitude ou l'incompréhension.

Il faut donc savoir regarder, et j'aime les photographes et les peintres, parce que, lorsqu'ils sont maîtres de leur art, ils saisissent la vérité humaine d'un visage et donc sa beauté.

J'ai près de moi le livre de photos réalisé par David Douglas Duncan, l'un des plus grands photographes de notre temps. J'hésite toujours à l'ouvrir : ma vie s'y déroule. Les visages des miens sont là, à chaque page, dans leur beauté et leur bonté.

Ceux de mes enfants disparus et ceux de mes enfants qui sont nés depuis.

Mais les photos de David sont si pures que, malgré le malheur que nombre d'entre elles évoquent, c'est le Principe Espérance qui surgit, comme un « fragile miracle » – c'est le titre du livre de David Douglas Duncan.

Ce livre refermé – que je rouvrirai tant de fois encore, je le sais –, je mesure combien l'art est l'expression même du Principe Espérance.

Celui qui doute de sa réalité, de sa permanente présence dans la communauté humaine, doit regarder les œuvres d'art, là où, précisément, l'artiste a dévoilé le secret de l'homme : sa beauté, sa grandeur, son espérance.

Et les œuvres d'art, en dépit de toutes les tragédies que l'histoire des hommes charrie avec elle, malgré ces meurtres, et depuis le premier, celui de Caïn, en sont ainsi comme la preuve, la trace, au long du temps.

L'homme a conservé sa liberté de créer, d'affirmer ainsi, par un livre, une statue, un tableau, une composition musicale, une simple chanson populaire qu'il était Homme-humain, s'échappant toujours des griffes de Caïn.

Regarder, écouter une œuvre d'art, c'est franchir « le pont » qui va vers l'autre, nouer par-dessus les générations, et par-dessus le temps passé, une relation fraternelle avec les hommes. Être ainsi pleinement membre de la communauté humaine.

J'écoute un concerto de Chopin.

Je ferme les yeux. Je revois Arthur Rubinstein, Juif polonais comme moi, et dont Dina, mon épouse disparue, était l'amie.

Je revis cette scène où il lui dédia, à Cannes, le concert qu'il donnait, et comment ensuite nous dînâmes ensemble.

Qui est mort ? Ils sont tous là avec moi, Chopin, Rubinstein, Dina.

Qui peut douter du Principe Espérance puisque les émotions sont aussi vives que ce soir de concert, et qu'elles se sont même enrichies de souffrance.

Je sais que rien sinon l'explosion de notre monde, la disparition de l'humanité, ne pourra abolir Chopin et Rubinstein.

Et parce que des centaines de milliers de lecteurs sont devenus proches de Dina dont j'ai raconté la vie, Dina non plus ne disparaîtra pas.

Je tourne la tête. J'aperçois à ma droite les trois tableaux que m'ont offerts Jacqueline et Pablo Picasso.

Devant moi, sur ma table, mon regard s'arrête sur cette tête d'Apollon en bronze que j'ai photographiée au musée de Piombino. On ne sait si elle a été sculptée au ve ou au Ier siècle avant Jésus-Christ.

Ces yeux – les pierres précieuses qui les représentaient ont disparu – sont deux trous noirs donnant à ce visage d'une beauté parfaite un caractère énigmatique.

Le sculpteur inconnu, le jeune homme qui lui a servi de modèle sont mes frères.

Ils se mêlent à Chopin, à Rubinstein, à Dina.

C'est la trame humaine de notre glorieuse et terrible, de notre généreuse et cruelle communauté. Que lève comme un ferment le Principe Espérance.

C'est l'inspiration de l'artiste qui échappe aux petitesses et aux tragédies de son époque pour s'affirmer homme pour l'éternité.

Près d'Apollon une fenêtre est entrouverte.

Les volets laissent passer les éclats d'une lumière vive.

On devine que le soleil brûlant étincelle et rejaillit sur la mer.

À l'intérieur de la pièce, c'est la pénombre.

Il me semble que je suis devant cette fenêtre entrebâillée à Nice, aux côtés de Matisse.

Il a saisi le moment.

Il a vaincu le temps.

Tous ceux qui regardent son tableau – et je me souviens de l'instant où je l'ai vu pour la première fois au Statens Museum for Kunst, de Copenhague – sont transportés dans cette pièce.

Ils ont les yeux et la sensibilité de Matisse. Ils partagent son génie.

Matisse leur apprend à voir. Il fait de chacun de nous des artistes.

L'art – comme la foi – est une façon de communier avec les plus grands des hommes, d'être leur égal dans la fraternité de la communauté humaine.

Comment désespérer de l'homme quand on éprouve ainsi la grandeur et la beauté de la création ?

Je me sens pénétré par une joie épurée.

Je retrouve les sensations que j'éprouvais, quand, après le jeûne, mon corps était assaini, affiné, affûté, et que prenant la main de Dina, elle aussi débarrassée de ses lourdeurs, je savais – nous savions – qu'un enfant allait naître de notre union.

Je me souviens de ce grand tableau de Picasso exposé au musée d'Antibes, et devant lequel à chaque fois que nous descendions de notre maison des Barons, je m'immobilisais en compagnie de mes enfants.

C'était une harmonie de bleus. Des faunes jouaient de la flûte, esquissant des pas de danse.

J'entourais mes enfants de mes bras.

Ce tableau aurait pu avoir été peint sur un vase grec du Ve siècle avant Jésus-Christ.

Et il avait aussi la grâce mystérieuse des peintures rupestres que les hommes de la préhistoire traçaient sur les parois de leurs grottes.

Ce tableau exprimait le génie libre de l'Homme.

Picasso l'avait nommé *La Joie de vivre ou Antipolis*.

Antipolis : le nom grec d'Antibes.

Parce que Picasso voulait ainsi, consciemment, affirmer que le temps n'existait pas. Qu'il était né grec, espagnol, français.

Homme d'avant le début de notre ère et citoyen du XXe siècle, Homme de tous les temps.

Et traversant les salles du musée, apercevant par les fenêtres les cactus et la mer, j'avais le sentiment de marcher dans la pièce peinte par Matisse.

Tout se rejoint, tout est vivant dans la communauté humaine, et ce depuis les origines, d'avant l'Histoire au moment de la Genèse.

Et c'est un livre sur lequel le temps s'est cassé et se cassera les dents, un livre inaltérable, notre Ancien Testament, le Livre des Livres, une œuvre d'art aussi, qui raconte l'origine, le meurtre d'Abel par Caïn.

Mais aussi le châtiment du meurtrier. Et la gloire d'Abel.

Et c'est ce Premier Livre qui fonde le Principe Espérance.

Et je me souviens de cette femme à la tête penchée, une rose plantée dans son chignon de cheveux noirs.

Son épaule gauche est dénudée.

Une tunique à fleurs noires a glissé le long de son corps.

Ses longs doigts soutiennent un nouveau-né. La petite main de l'enfant s'appuie sur le sein qu'il tête.

J'ai cette reproduction d'une maternité de Picasso devant les yeux. Je ne me lasse pas de la regarder.

C'est ma mère qui me nourrit.

C'est la mère de mes neuf enfants.

Ils sont tous vivants.

C'est la mère de tous les enfants nés depuis la Genèse, depuis ceux qu'enfanta Ève.

Ils se nommaient Caïn et Abel.

Caïn devint le meurtrier d'Abel.

Mais c'est la Vie et l'Espérance qui gagnent.

Puisque cette femme, cette mère et son enfant sont là, devant moi, éternels.

AU NOM DE TOUS LES HOMMES

J'ai relu ce que vous venez d'achever de lire.

J'avais cru mettre un point final à ce qui est à la fois colère et méditation, acte de fraternité et message d'espoir.

J'ai donné ces pages à lire à ma femme Béatrice.

Elle a été émue, les a trouvées poignantes. Et cependant, après quelques hésitations, elle m'a murmuré, hésitante : « La joie, Martin, la joie de vivre qui t'habite quand tu joues au football avec nos enfants, cette joie qui te pousse en avant, pourquoi n'est-elle pas plus présente dans ce livre ? J'ai eu parfois l'impression que tu te laissais envahir par la pénombre qui, en effet, s'étend si souvent sur le monde. Dis la joie que tu éprouves à vivre, Martin. »

C'est vrai que toute vie, même avec les tourments qui l'assaillent, porte en elle l'énergie et la joie.

Et c'est cet éclat-là qu'il faut dire, parce que si on ne clame pas la joie, c'est Caïn qui à la fin et, quoiqu'on dise, triomphe.

Oui, je crois à la joie.

Je vois mes enfants, la joie éclate dans chacun de leurs gestes.

Je vois un homme qui passe en sifflant, en regardant le ciel. C'est le plus beau, le plus unique des miracles.

Oui la joie est aussi la couleur du monde.

Et si dans le tableau qu'on dresse de l'histoire des hommes, on oublie ce « petit pan de mur jaune » qui éclaire la peinture de Vermeer, alors on ne comprend pas ce qui fait vivre les hommes malgré tout.

C'est-à-dire l'amour, la fraternité qui les unit, qui fait que dans un couple, tout s'échange et dans la paternité, tout se donne, et dans l'amitié tout se comprend.

Béatrice a raison.

Je dois crier la joie, l'amour, la fraternité.

Ce sont ces sentiments-là qui m'ont donné l'énergie de survivre.

Et si je m'insurge avec colère, c'est parce qu'on veut étouffer cette joie, oublier l'amour.

Mais depuis que l'homme est homme, personne, aucune force, aucun régime n'a pu détruire l'aspiration au bonheur.

TOUS MES FRÈRES

Dr Korczak, Mordechaj Anielewicz, Abraham Bomba, Icchak Cukierman, Robert Born, Jack Eisner, Wladka Mead, Symcha Rotem, Bernard Goldstein, Sam Goldberg, Samuel Rajzman, Joseph Rochman, Marysia Sebrien, Chil Rajchman, Richard Glazar, Cywia Lubetkin, Gustaw Alef.

Ceux-là étaient avec moi en enfer.

Ma gratitude et une pensée particulière à ces hommes et à ces femmes qui ont éclairé ma vie, et dont beaucoup nous ont hélas quittés.

Joseph Kessel, Arthur Rubinstein, Arthur Koestler, Dr Raymond Castroviejo, Dr Herbert M. Shelton, Pablo Casals, Pierre Lazareff, Georges Grosz, Vladimir Horowitz, Georges Pompidou, Max Reuter, grand rabbin Kaplan, Pablo Picasso, Guy Burgess, Leonard Bernstein, Michel Rocard, Charlie Chaplin, Albert Cohen, Jacques Chaban-Delmas, Michaël York, Brigitte Fossey, Macha Meril, David Ben Gourion, Yitzhak Rabin, Javier Pérez de Cuellar, Jacques Santer, Marcel Bleustein-Blanchet, Dr Amsler, Emil Gilels, Jacques Séguéla, le roi Baudouin, Ivry Gitlis, Willy Brandt, Max Gallo, Robert Enrico, Yves Montand, Simone Signoret, Laurent Fabius, Golda Meir, Pierre Mesmer, Elie Wiesel, René Cassin, Dr Robert Gross, David Douglas Duncan, Simone Weil, Jacqueline Picasso, Zubin Mehta, Raymond Moretti, Samuel Pisar, Maurice Béjart, Albert Jacquard, Haroun Tazieff, Shimon Peres, Paul-Émile Victor, René Lévesque, grand rabbin Sitruk, Yehudi Menuhin, Gregory Peck, Isaac Bashevis Singer, Isaac Stern, mère Teresa, César, le pape Jean-Paul II, Jorge Semprun, Raoul Follereau, Andrzej Wajda, l'abbé Pierre, Martin Luther King, Ovadia Soffer, Robert Macauley.
Un signe particulier à Claude Lanzmann dont le film *Shoah* est un des grands monuments du XXᵉ siècle.
Et il y a tant d'autres hommes, non pas oubliés, mais si nombreux qu'il faudrait, pour les citer, autant de jours que j'ai déjà vécus...